JN088954

中2レベルの100例文だけ！
1か月で英語がスラスラしゃべれる。

英会話は筋トレ。

繰り返し方に
コツがある！

船橋由紀子

英語学習コーチ／メンタルコーチ

音声付き

かんき出版

はじめに

1か月だけでいいんです。ちょっと頑張れば、劇的に英語が話せるようになります！

根性や才能は関係ない。やり方が悪かっただけ

　この本は、**たった1か月のチャレンジで、これまで英語学習が続かなかった自分にピリオドを打ち、英語がスラスラとしゃべれる自分になるための本です**（順調にいけば、28日間で終わります）。

　きっと、この本を手に取ってくれたあなたは、これまでに何度か（何度も?）英語学習をやってはやめてしまうという挫折を繰り返してきたことでしょう。そして、そんな自分にウンザリしているかもしれません。でも、大丈夫！　これまで英語学習が続かなかったのは、あなたが悪いわけでも、**努力が足りないわけでも、才能がないわけでもありません。うまくいくための「やり方」を知らなかっただけです。**

　そこで、今度こそ英語をしゃべれる自分になるための方法を紹介します。それにあたり真っ先にお伝えしたいのは、本書のタイトルでもある「英会話は筋トレ。」。

　「えっ、どういうこと…??」と思った方が100人中99にはなるでしょう。なぜそう言えるのかを、著者である私の自己紹介を通じて紐解いていきますね。

　私は「英語学習コーチ」というお仕事を通して、11年間で4500人

以上の英会話力アップやTOEICスコアアップのサポートをしてきました。TOEICは、2ヶ月で200点以上アップした受講生は、数えきれないくらいいます。

多くの方が英語力のアップをきっかけに、転職や昇格、海外駐在や起業といった目標を実現する、まさに「英語力のアップで人生を変える」瞬間に立ち会ってきました。

一方で、**私にはもう一つ「別の顔」があります。それは「筋トレ愛好者」**であり、ボディメイクをしながら「美ボディコンテストの出場者」として活動しているということです。

ある時、ほんの思いつきで「毎日1分間だけ、腹筋ローラーをコロコロした」ところ、たった1週間で腹筋にうっすら「たて線」が浮き出たことに味を占め、本格的に筋トレを開始。思い切って「ベストボディジャパン」という日本最大規模の美ボディコンテストにエントリーしたところ、地方大会でグランプリを獲得。**日本大会にも出場**することができました（部活動で言えば、インターハイに出場したようなものです）。

英会話も筋トレも、
同じことの反復が習得の最短ルート

そして、筋トレをするようになったことで、大きな発見をします。それは、**英会話のトレーニングも筋トレも同じだということ。**いろんなメニューをたくさんこなすよりも、**同じものを繰り返すという「反復」のほうが成果が出る**ということです。

筋トレでは「BIG3」と呼ばれる「体全体の筋肉を効率よく鍛えるのに有効な3つの種目があります。スクワット・デッドリフト・ベンチプレスがそれです。いろんな筋トレメニューを何種類もこなすより、この

BIG3を反復するほうが、全身に筋肉がバランスよくつくのです。

　同じように英会話のトレーニングでも、いち早く習得すべき英文に絞り込んで、それを反復して習得するほうが近道なのです。

　今までいろんな英会話の本で、1000も2000も、あるいはそれ以上の数の英文を読んだり、暗記しようとしてきたりした方も多いでしょう。でもそれで、しゃべれるようになりましたか？　ましてや英会話では、何も見ないでスラスラと言えるようにしないと使い物にはなっていないので、こんなにたくさんの英文と触れても、なかなか使いこなせないのです。よっぽど特殊な頭脳でも持っていない限り。

　それよりも100程度に絞り込んだ英文を反復して体に刷り込むほうが、簡単にスラスラと話せるようになるのです。しかもその100の英文があれば、よっぽど専門的な話をしない限りは、不自由することはごくごく稀にしかありません。

　そこで**本書では、厳選に厳選を重ねて選び出した100の例文を使います。そして、反復にもコツがありますので、それももちろん教えます。**

　ところで、一人で続ける自習タイプの英語学習はなぜ続きにくいのでしょう？　私が思うに、一つは、自習そのものが退屈になってしまうから。もう一つは、伸びを感じないから。

　逆に言うと、自習そのものが楽しくハッピーで、しかも結果が出れば、人は「続けたい！」「もっと頑張りたい」と思えるようになります。そんな状態をもたらしてくれるのが「良質なトレーニングの本質」です。これには以下の2点が欠かせません。

　一つは「**理論**」。トレーニングとは、ただやみくもに回数をこなせば

いいというものではなく、理論に基づいて組まれるものです。例えば筋トレに、「この筋トレ種目を入れると効率よく代謝が改善される」というのがあるのと同様に、英会話のトレーニングでも、理論的に効果のある学習を効率的な方法で取り組むことがとても大事です。そこで本書では、「英会話力を最短でアップ」という目的に基づき、理にかなった英文やトレーニング方法を用意しました。

もう一つは「意識」。例えば筋トレでは、「今は大胸筋を鍛えているぞ！」という意識を持ちながらベンチプレスをやったほうが、トレーニング効率がアップします。これは英語でも同じ。身体活動に心の意識を一致させると、トレーニング効果を大きく押し上げます。併せて、没頭することができます。これこそ、やみつきになるトレーニングの必須要素です。英会話学習の効率を上げる意識の持ち方も、本書では随所で解説していきます。

「この2つの要素を盛り込んだ、真に良質なトレーニングを積み上げよう！」というのが、本書の目指すところ。そうすれば、トレーニング自体に充実感を感じ、しかも確実に結果につながるのです。

本書でお伝えする効率のよい学習法には、それを裏付ける脳科学や心理学の知識があります。特に私はアドラー心理学やNLP（神経言語プログラミング）を勉強してきており、本書ではこれらを活用して学習法を提案しています。

中2レベルまでの100例文で、スラスラとしゃべれるようになる！

理想的な「理論」と、理想的な「意識」の持ち方ができる方法をベースに、本書では次のような3部構成としました。「Step 1 → Step

2→ Step 3」と進んでいきます。

Step 1 は、「基礎トレーニング」（16日）。

ここでは、最も費用対効果の高い、絞り込んだ「100例文」を反復トレーニングで覚えます。先もお伝えした通り、筋トレにも体全体の筋肉を効率よく鍛えるのに有効なトレーニング種目というものがあるのです。同じように、**「英会話を上達させるために、いち早く習得すべき例文」に絞り込んで体得**することで、圧倒的に効率よく伸びを作ります。

しかもこの**例文は、中学1、2年レベル**。とても簡単です。他の英会話本はもっと難しい英文が出てきますから、本書でも難しくて読み進められないということでしたら、英会話の勉強は諦めたほうがいいとまでいえます。

そして「100例文」とありますが、実際はさらに例文それぞれの単語をほんのすこし入れ替えた「置き換え英文」まで習得していきます。この置き換え英文とは、自分が実際に英会話をする際に使いそうな英文。これを習得すると、あっという間に「自分が言いたいことをスラスラと英語でしゃべれる状態」へと近づいていきます。

Step 2 は、「実用化トレーニング」（9日）。

「決められた時間、英語でしゃべりまくる」トレーニングを通じて、**今ある英語力だけで、何でもしゃべってしまうスキルを底上げ**していきます。Step 1で体得した英文たちが、イキイキと自分の口から出てくるのを感じることができます。

最後の Step 3 は、「仕上げトレーニング」（3日）。

　ここまできたら、最終ステップは簡単です。30ほどの「定型フレーズ」をそのまま覚えるだけ。しかも、どれも短いフレーズなので、ラクラクと習得できます。

　このトレーニングによって、伝えたいことは英会話で伝えられるようになったのに、「ちょっとした挨拶や返事がうまくできない」「こんなちょっとした時に、何て言えばいいのかわからない…」という状態を解消します。

　繰り返しますが、この3つのStepを駆け抜けるために必要なのはたった1か月、実質28日（4週間）です。取り組む時間は1日約90分。1か月は、英会話トレーニングのために90分を捧げてください。

　中2レベルまでなので難しい英文は一つもなければ、やり方に迷うこともありません。ご安心ください。

　さて、ここでお願いがあります。

　1か月間は、本書の英会話トレーニングをやり切ると決めてください。1か月も打ち込めないようなら、一生かけても英語をしゃべれるようにはなりません。英語をしゃべれる自分という未来を手に入れるために…。

　さあ、今度こそ英語がしゃべれるようになるために、1か月のトレーニングを始めましょう！

　　　　　2021年4月　英語学習コーチ／メンタルコーチ　船橋由紀子

Contents

Step 0　トレーニングに入る前に

Step 1　基礎トレーニング

Step 2　実用化トレーニング

Step 3　仕上げトレーニング

装丁デザイン	三森健太（JUNGLE）
本文デザイン・DTP	間野 成
イラスト	千野エー
音源制作	英語教育協議会（ELEC）
ナレーション	Howard Colefield、船橋由紀子
校正	小林達也、Michael Walker、Dylan Crotts
企画協力	ブックオリティ

音声の収録場所について

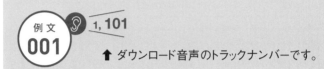

例文
001
🎧 1, 101

↑ ダウンロード音声のトラックナンバーです。

A) 1つ目（小さい数字）のほうが
「英語→日本語→英語」（Step 2では、英語のみ）
B) 2つ目（大きい数字）のほうが
「日本語→（しばらく間があり）→英語」となっています。
A) は発音の確認、
B) は日本語を聴いて、その英訳を何も見ないですぐに
言えるのかを確認するのに使うといいでしょう。

音声ダウンロードの手順

▶ audiobook.jpで音声を聴く

1. インターネットで音声ダウンロード用のサイトにアクセスします。

● パソコンから

https://audiobook.jp/exchange/kanki

● スマートフォンから
上のQRコードを読み取ります。

2. 表示されたページから、audiobook.jpへの会員登録ページに進みます。

3. 会員登録の後、1のページに再度アクセスし、シリアルコードの入力欄に「75426」を入力して「送信」をタップまたはクリックしてください。

   ※1のページがわからなくなった場合は、一度 audiobook.jpのページを閉じてからやり直してください。

4. 「ライブラリに追加する」のボタンを押します。

5. スマートフォンの場合は、アプリ「audiobook.jp」をインストールしてご利用ください。パソコンの場合は「ライブラリ」から音声ファイルをダウンロードしてご利用ください。

注意!
※1以外のURLからアクセスされますと、無料のダウンロードサービスをご利用いただくことができませんのでご注意ください。URLは「www」などの文字は含めず、正確にご入力をお願いします。
※音声のダウンロードには、audiobook.jpへの会員登録（無料）が必要です。既にアカウントをお持ちの方は、ログイン後に3の手順からはじめてください。
※パソコンからでも、iPhoneやAndroidのスマートフォンからでも音声を再生いただくことができます。
※音声は何度もダウンロード・再生していただくことができます。
※ダウンロードについてのお問い合わせ先：info@febe.jp（受付時間：平日の10〜20時）

▶音声データを直接ダウンロードする

　　● パソコンから

　　https://kanki-pub.co.jp/pages/eigohakintore

　　● スマートフォンから　　

※直接ダウンロードについてのお問い合わせ先：
https://kanki-pub.co.jp/pages/infodl

トレーニングに入る前に

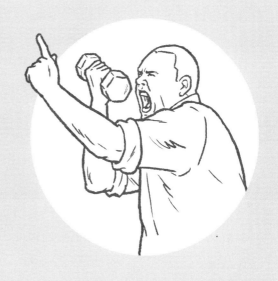

トレーニングを始める前に
必ず読んでください

「Step 1基礎トレーニング」に進む前に、これから本書の正しい使い方をご説明しますので、必ず一度はお読みください！

「はじめに」に書きましたが、英語学習には反復の方法こそ、とても大事になります。この「反復」は、筋トレでも英会話でも、驚くほど奥が深いのです。

　そして、この反復の奥深さにこそ、「良質なトレーニングの本質」が詰まっています。そこで本書では、反復の方法も詳しくご紹介していきます。本書のガイドに従ってトレーニングを進めていただければ、やみくもな反復になることは決してありません。

heやsheが主語の例文が、
本書には掲載されてない理由

　良質なトレーニングに欠かせないものとは何でしょう？

　それは、「はじめに」でもお伝えした通り、一つ目は「理論」です。英会話トレーニングにおいて大事な理論にも色々ありますが、その中核になるのが「第二言語習得論（Second Language Acquisition：SLA）」。これは、母語以外の言語を身につける仕組みやプロセスを、様々な視点から解き明かしたもの。

　中でも、本書にとって**大事な考え方の一つに「自動化」というものがあります**。これは、覚えた英文などの知識が、反復して学習することによって、頭で考えなくても瞬発力を伴ってスラッと口から出てくる状態になることです。自動化された表現が増えていけば、英会話は

上手くなっていきます。

　私たちは、日本語については「自動化」されていますよね。これを英語でもできるように目指すのです。いちいち、「文法はどうなのか?」「単語は何か?」とか気にしないで、しゃべれる状態へと。

　ところで、**本書にはI /you /itという簡単な単語から始まる例文ばかりで、he /sheといった主語から始まる文は一つも出てきません。これには理由があります。**

　見たり・聞いたりすればスンナリわかるけれど、いざ「自動化」ということを考えた時、I /you /itという例文でさえ、実は全然身についていないケースが多いからです。英語学習初心者であればなおのこと、幅広い知識を一気に身につけようとすると、結果として使い物にならない例文を増やす結果になりかねません。

　まずは、最も使う頻度の高いI /you /itが主語の例文を自動化させましょう。そこが身についた後に、同じ手順で表現を増やしていけばいいのです。

「良質なトレーニングの本質」に欠かせないもの、二つ目は「意識」です。例えば、筋トレには「意識性の原則」という概念があります。これは、「どこの筋肉を鍛えたいか?」と意識すればするほど、その部位が鍛えられていくというもの。

　実は、英語でも同じです。**「構文を意識する」「使うシーンをイメージする」など、意識の持ちようを定めて反復をすると、意識した方向に対してトレーニングの効果がいっそう出てきます。**

　一人でおこなう英語の反復学習では、見た目上のアクションと心の

意識がズレてしまうことがあります。何度も声に出して英語を読み上げているのに、心では「疲れたなぁ、あ〜、お腹すいた!」と思っていたり、あるいは何も考えずに「回数を稼げばいいんだ」と思っている場合もあります。

そうなってしまうと、おのずとトレーニングの効果が頭打ちになってしまうわけです。一方、そこに適切な意識づけが伴うと、トレーニング効果が断然にアップします。しかも、反復という一見単調な作業に、より没頭できるのです。

要は、理論にのっとり、適切な意識の持ち方でトレーニングをする。一見、「当たり前のことだ」と思われるかもしれませんが、これができていないケースはとても多いのです。

では、ここまでの内容を踏まえて、実際に取り組んでいただくトレーニングの内容を詳しく説明していきましょう。

Step 1
「基礎トレーニング」（16日間）
の特徴・狙い・進め方

収録している100例文の特徴

はじめに、絶対に使える「100例文」について、反復トレーニングで習得していきます。この100例文には、以下のような特徴があります。

●使用頻度が圧倒的に高い表現に絞っている

会話はまず「私」と「あなた」の間でおこなわれます。次に、何かを言い換えることのできる便利な単語itが、主語として使われる頻

度が高いです。

　渡航先で必須のやり取りは「人に何かを尋ねる」「お願いする」がほとんど。つまり、上記に挙げた表現は使用頻度がとっても高く、身につけることで、断然英語がしゃべれるようになってきます。

● 文法や単語のレベルは、中学2年までに学ぶものが中心

　文法も構文も、中学2年までに学ぶものばかり。また、単語のレベルも中学で学ぶものか、あるいは「日本語でもカタカナ英語として馴染みがあるもの」を使用しています。つまり、文法や単語の難易度がヘビーすぎてつまずくということはまずありません。本書でも難しければ、他の本でも無理かと思います…。

● 例文は短め。平均して3語〜7語ばかり

　例文はなるべく長くならないようにしました。平均して3語〜7語の長さであり、コンパクトで覚えやすいものばかりです。

　さらに、100例文やこの後説明する置き換え英文は、そのまま使えるもの。日頃遭遇するシチュエーションで使える表現ばかりを収録しました。なお、例文や解説はアメリカ英語に基づきました。

「基礎トレーニング」（16日間）の取り組み手順

　では具体的な取り組み手順です。

　すでにご説明したように、「意識」の置きどころを変えながら、4つの手順を踏んでいきます。

　冒頭で出てくる例文について、Lesson 1 では「構文（文法をもとに

した文の構造）」を学び、Lesson2では例文が表現するシーンを「イメージ」し、Lesson3では正しい「発音」を習得します。

そしてLesson4で、冒頭に出てくる例文をベースにした置き換え表現を習得していきます。

各Lessonでは、"初めて取り組む際に"費やしていただきたい時間を記載していますが、設定時間は人によって長さを調整しても大丈夫です。以下、各Lessonで取り組むことを、もう少し詳しく見ていきましょう。

【1】Lesson1「構文」にフォーカスして解説を読む、音読する——1分

解説を読み、構文（文の構造）について確認しましょう。構文は中学2年までの簡単なものばかりですが、意外に誤解している内容も

あるかもしれませんので、一度は目を通してください。

　次に、冒頭の例文について、使用されている構文を確認するように**数回音読**しましょう。すると、いざ自分でゼロから英文を組み立てる際でも、構文に沿って瞬間的に英文が言えるようになります。

【2】Lesson2 「イメージ」にフォーカスして解説を読む、音読する ── **1分**

「イメージ」の解説を読みます。すると、実際に例文を使うシチュエーションがイメージでき、例文に臨場感が伴います。

　併せて、**イラストを見ながらイメージを膨らませます**。イラストはちょっと悪ノリしているものもあるかもしれませんが…、それは愛嬌(あいきょう)ということで(笑)。

　そして**数回音読**することで、シチュエーションがさらに鮮明になり、例文を記憶する力がUPします。人が物事を覚える時には、イメージが伴っているほうが、暗記が進みやすいのです。

【3】Lesson3 「発音」にフォーカスして解説を読む、音源を聴く、音読する ── **1分**

「発音」についても、解説で確認してください。どなたでも直感的に理解できるように、発音の特徴がカタカナで書かれています。

　それを読んだ後は、**音源を再生して、ネイティブによる実際の発音を聞いてみてください**。スマホやパソコンにあらかじめ音源をダウンロードしておけば、スムーズに取り組めるでしょう。

　そして**音源に合わせて、なるべく発音を似せるように音読してください**。発音を意識した反復をすることによって、自分の発音力がアップするのはもちろん、英語特有の音に慣れることができ、リスニング力のUPにもつながります。

【4】Lesson4 「置き換え」で「自分ごと」の英文を作る ── 3分

　ここでは、冒頭に出てくる例文をベースにした置き換え表現を習得していきます。それも、自分が実際に英会話で言いそうな英文にしていくのです。**構文はそのままで、構文以外の部分を自分が言いそうな言葉に変えていきます。**

　とはいっても、ゼロから全部するのは難しいかもしれません（できる方は、どんどんやってください！ですが）。そこで、**置き換えの例を5つ用意しました。まずはこの5つに目を通してください。**すると、例文の単語を一部入れ替えることで、どうやったら別の英文を作れるのかがわかってくるはずです。

　次に、**3分の時間制限をフルに使って、なるべく多くの自分が言いそうな英文を、ブツブツと口にしながらどんどん出していきましょう。**

　あまり細かいことは気にせずに、どんどん口にするのがコツです。内容に悩みすぎたり、間違えたりすることに躊躇しすぎると全くトレーニングが進みませんから。

　それでも難しい場合は、せめて冒頭の例文や5つの置き換えの例の単語を1つだけ変えてみてください（例：I'm looking forward to going to Hokkaido. → I'm looking forward to going to Okinawa.）。これでも立派なトレーニングです。「**言いたい内容の単語がわからない」という時にも辞書などは使わず、まず自分の英語力で作文するようにします**（どうしても調べたくなったら、3分間終了後に時間を取るようにしましょう）。

　意識したいのは、3分間でなるべく数を多く出すこと。すると、100例文の中でコアになっている文法・表現のポイントを何度も反復することになるため、ルールや表現がいっそう身につくからです。かつ、「自

分ごと」の英文を作る置き換え体験をたくさん積むことによって、応用力が身につきます。また、できるだけ「ポンポン」とリズムの良い調子で進めれば、トレーニングに夢中になれます。

　こうして、「リアルに英語をしゃべれる自分」へと近づいていきますよ。

学習効果を爆上げする2つの重要ポイント

　ここまでのトレーニングにおいて、押さえていただきたいポイントが2つあります。

　まず一つ目は、**各 Lessonに取り組む際に、「構文」「イメージ」「発音」「置き換え」といった「たった一つのことだけに意識を集中させること」**。そのほうが、**圧倒的に効率が良いトレーニングになるから**です。

　私の学んでいるNLP（神経言語プログラミング）という教えの中には、「焦点化」という法則があります。これは、人は2つ以上のものを意識しようとするのは非常に苦手であり、基本的には一つのみにフォーカスしてしまう性質のこと。例えば、目の前のテレビ番組に夢中になった時、いくら家族が話しかけても全然気がつかなかったり、うるさく感じたり、ということが起こります。そう、あれがまさに焦点化のことです。

　つまり、一つの行動に対していくつもの意識を持たせようとすると効率は悪くなるということ。逆に、一つの行動に対して、シンプルに一つだけ意識すべきポイントを設定することが、トレーニングの効率を高める非常に大事なポイントになります。

　2つ目のポイントは「**時間を区切る**」こと。ですから、「**タイマー**」**が必需品になります**。スマホのタイマー機能で十分です。

「時間を区切る」のは、実はトレーニングの効果を左右する大事な要素。時間を区切ることによって生まれる「締め切り効果」によって、トレーニングにおいて大事な「意識」を高くキープしたままにすることができるのです。

　さらには、脳内から「回数を数える」というアクションを排除することができます。これにより、よりトレーニング効果の高い脳の状態を作ることができるわけです。

取り組みスケジュールと復習について

　では、もうちょっと具体的なトレーニングスケジュールを見ていきましょう。

　先ほど説明したように、「1つの例文＝見開き2ページ分」には計6分ほどかかります。これを1日に10例文取り組むと、6分×10セット＝1時間です。このペースで進めてみましょう。

　ところで、このトレーニングにはもう一つ考慮しなければならないことがあります。それは、「忘れることをいかに防ぐか？」。そもそも、目指すのは「自動化」という状態に至ることですから、忘れてしまっている場合ではありません。取り組んだ範囲に対して、脳に染み込ませるように復習を入れる必要があります。

　復習の具体的な方法に入る前にまず、記憶の忘却に関してよく知られている「エビングハウスの忘却曲線」の話をさせてください。これは、ドイツの心理学者であるエビングハウスさんがおこなった実験に基づくもので、物事を忘れるスピードと割合を曲線で表しています。この理論をかいつまんでお伝えすると、「覚えたものは、1日の間に急激

な忘却が起こる」ということ。一方、「一度復習したものは、その後の忘却が緩やかになる」も成り立ちます。ですから、**覚えたての時には、畳み掛けるように復習することが大事**になります。

そのことを踏まえ、以下のような復習を入れましょう。

【5】その日に同じ範囲を復習する（15分程度）

その日に取り組んだ新しい範囲に対して、「朝取り組んだら、夜に復習」や「夜取り組んだら、寝る前に復習」のように、1日2回同じ範囲に取り組むようにします。

その時は、例文（「置き換え」で作った英文を含む）を全部、1回だけ音読します。こうすることで、単に眺める復習よりもずっと記憶の定着度合いが上がります。

一方で、初めての範囲を覚える時のように、細かく1分ずつ時間を計って取り組む、などはしなくても大丈夫です。時間を区切り、集中してトレーニングするのは、一方で負荷が高く非常に疲れます（涙）。超本気のトレーニングは、1日に1時間だけにとどめておきましょう。明日も明後日もずっと学習するのですから、緩急をつけないとこの先持ちませんよ☆

【6】翌日に前日の範囲を復習する（15分程度）

前日に取り組んだ範囲に対して、例文（「置き換え」で作った英文を含む）を全部、1回だけ音読します。こうすることで、「覚えたては、特に急激な忘却が起こる」という現象をさらに防ぐことができます。

つまり、新しい範囲を初めて取り組むのに1時間。同じ範囲を復習するのに15分。前日の範囲の復習にも15分。これがトレーニングに

必要な時間の目安です。

★数日置きに、それまで取り組んだ範囲を一気に復習する

　ここまで説明した復習だけでなく、数日ごとに、復習だけの日を設けています。スケジュール表をご用意しましたので、ご覧ください（p29の表1）。表でいうと4日目、8日目、12日目、14、15、16日目です。

　所要時間は約1時間で、2種類の取り組みをします。一つは、解説を読み直して理解を深める時間。もう一つは、「自分ごと」置き換えトレーニングの時間です。例えば4日目におこなう「1〜3日目の復習」でしたら、次のような時間の区切りを目安にしてみましょう。

①例文1-10 解説読み直し 10分

②例文1-10「自分ごと」置き換えトレーニング 10分

③例文11-20 解説読み直し 10分

④例文11-20「自分ごと」置き換えトレーニング 10分

⑤例文21-30 解説読み直し 10分

⑥例文21-30「自分ごと」置き換えトレーニング 10分（計約1時間）

　休憩ナシだとさすがにヘトヘトになるかもしれません。適宜ひと休みしながら進めていきましょう。

　「解説の読み直し」はパラパラと読むだけでも、理解が不十分だったことに気づくことも案外あり、収穫は思った以上になることも多いです。「置き換えトレーニング」は、p.24のLesson4の手順をベースに10分間で10例文分、なるべく「自分ごと」の英文を数多く出すこと。ページは行ったり来たりしたり、取り組みやすいところから始めても構いま

せん。

「置き換えしにくいな」と感じたページは、翌日もう一度見直すように
しましょう。

●表1　Step 1「基礎トレーニング」の学習スケジュール

内容	時間	1日目	2日目	3日目	4日目
新規の取り組み	60分	例文1-10	例文11-20	例文21-30	1-3日目の復習
新規の復習	15分	例文1-10	例文11-20	例文21-30	
前日の復習	15分		例文1-10	例文11-20	

内容	時間	5日目	6日目	7日目	8日目
新規の取り組み	60分	例文31-40	例文41-50	例文51-60	5-7日目の復習
新規の復習	15分	例文31-40	例文41-50	例文51-60	
前日の復習	15分	前日間違えたもの	例文31-40	例文41-50	

内容	時間	9日目	10日目	11日目	12日目
新規の取り組み	60分	例文61-70	例文71-80	例文81-90	9-11日目の復習
新規の復習	15分	例文61-70	例文71-80	例文81-90	
前日の復習	15分	前日間違えたもの	例文61-70	例文71-80	

内容	時間	13日目	時間	14日目	15日目	16日目
新規の取り組み	60分	例文91-100	90分	13日目の復習	例文1-50の復習	例文51-100の復習
新規の復習	15分	例文91-100				
前日の復習	15分	前日間違えたもの				

100例文の取り組みがいったん終了した後の復習について

　何度もお伝えしているように、100例文の習得ゴールは「自動化」とお伝えしてきました。感覚的には「パッと言える」、あるいは「無理に思い出そうとしなくてもラクに言える」「余裕が出てくる」という感じです。この状態を作るためには、実は「忘れないために復習する」だけでは足りず、引き続き復習を続ける必要があります。

　この後のStep 2以降のトレーニングに進みながらも、合わせてStep 1の復習を毎日組み込むようにしましょう。

　取り組みたい内容は、Step 2取組時には1日20分程度、Step 3取組時には15分、Step 1のLesson4の手順をベースに「自分ごと」置き換えトレーニングを継続すること。

　合わせてStep 2取組時には1日25分程度、Step 3取組時には15分、音源を活用します。「音源の日本語訳を聞いたすぐ後に、何も見ずに英文が口から言えるか?」を確認します。左上の🎧の所にある番号が大きいほうの音声を使ってください。このような復習で、100例文を「とっさに使える」レベルまでにもっていきましょう。

　詳しくはStep 2、Step 3でのスケジュールを各々示した表2(p.36)、表3(p.39)にも載せたので、こちらもご覧ください。

Step 2
「実用化トレーニング」(9日間)の特徴・狙い・進め方
誰かと会話するシーンを想像してしゃべることも効果大

　ここでは、Step 2の「実用化トレーニング」について説明していきま

過去の成功体験

I'm going to talk about one of my memories.	私の思い出の一つについてお話しします。
When I was a university student, I travelled around Japan by bike.	大学生の頃、自転車で日本中を旅行しました。
It was really tough but a great experience.	とっても大変でしたが素晴らしい経験でした。
Before the trip, I checked some routes and decided a rough schedule.	旅行の前にいくつかのルートを調べて大まかな予定を決め、
Then, I left my house.	それから家を出発しました。
During the trip, I rode my bike all day and I was very tired.	旅行中は一日中自転車を漕いで本当に疲れました。
but I was so happy to meet kind people and visit new places.	でも親切な人と出会ったり知らない場所を訪れるのは、とっても幸せでした。
I really enjoyed the one-month trip.	1ヶ月旅行を本当に楽しみました。
In the near future, I want to try this kind of trip in a foreign country.	近い将来、私はこういった旅行に海外で挑戦してみたいです。

250　　　　　　　251

す。Step 2をこなせば、「Step 1で登場した英文を応用するだけで、何でもしゃべれる」スキルがアップします。

　ところで先ほど、第二言語習得論における「自動化（頭で考えなくても瞬間的にスラッと口から出てくる状態）」についてお伝えしました。加えて、英会話が上手くなるためのとっておきのアプローチがあります。それは「リハーサル」というもの。

　実際に誰かとしゃべらなくても、言おうとすることを頭の中で組み立てる「リハーサル」をすれば、言葉の習得は進むのだそうです。この効果を踏まえ、Step 2では「誰かと実際に会話しそうなトピック（「自己紹介」「好きなこと」などの話題）を想定して、一人でしゃべって練習する」というトレーニングに取り組んでいきましょう。

　ここでは、**「一人しゃべり」用にトピックを7つ用意し、**それぞれに

サンプル原稿を用意しています。見ていただくと、あれもこれも100例文をちょっとアレンジしただけの英文なのに気づくはず。このように、すでに自動化を目指して習得しつつある例文たちを、フル活用する意識で取り組めます。これが、たった1か月で英語がうまくなれる大きなポイントなのです。

　以下は、サンプルを参考にしながら自分で内容を考えて取り組む際の進め方です。

【1】内容を考える ―3分

　まず、トピックに合わせてしゃべる内容を考えてみます。この作業は英語でも日本語でも、どちらでおこなってもかまいません。Step 1で登場した例文がパッと頭に思い浮かぶという形で、英語で考える場合もあるでしょうし、日本語のほうがポンポンと内容が思いつきやすい場合もあるでしょう。

　ただ、Step 1での英文とあまりにもかけ離れた英文ばかりでしゃべることになるのは本末転倒。その点は意識します。途中でStep 1にパラパラと目を通し「これ使いたいな!」と思うものをサッとメモするのが、うまく進めるコツです。

　もっとラクに進める方法としては、Step 2に掲載されたサンプルの英語の文章をベースに、一部の単語を自分事に置き換えるのもアリです。

　あわせて、難しすぎる日本語で内容を考えないよう心がけましょう。万が一難しい日本語が思いついたら(例:獲得する)、一旦簡単な日本語(例:得る)に翻訳します。すると、グンとラクに英語で表現しや

すくなります。

また、メモ程度はOKですが、**キレイな原稿をいきなり作るのは避けてください**。実際の場では、しゃべりたい内容を頭の中だけで英文にし、すぐ口にしますから。いちいち紙に書いて、それを読み上げるなんてことはしません。この、実際に起きる一連の英会話の流れに、なるべく近い形で練習しないといけないのです。

【2】しゃべる＆ふり返る・1回目 ── 3分（1分しゃべる、2分ふり返る）

ストップウオッチで1分間計りながら、しゃべってみましょう。途中、うまく英語が出てこない場合も止まらずに、言えなかった箇所は飛ばしてどんどん先に進んでしゃべり続けます。

また、「英語が間違っているんじゃないか」と気にしすぎないようにしましょう。大事なのは、英語を口から繰り出し続けること。この「1分間しゃべり続けるという」環境に強制的に身を置くことで、100例文という「すでに身につけた型」をどうにかして活用する意識がおのずと働きます。

1分間を知らせるタイマーが鳴ったら、そこで終了。

次に、もう2分計ります。この2分も、時間を計るのがポイント。しっかりと内容を考え直す時間はありませんし、Googleなどで調べる時間もほぼありません。やっていただきたいのは、「100例文を活用して、言えなかったことを表現できないかな?」「何かプラスできないかな?」程度のことです。この、プラス2分のふり返りタイムが「今あるものだけでしゃべり倒す力」をUPさせてくれます。

この3分ワンセットのトレーニングを、以下も繰り返していきます。

【3】しゃべる&ふり返る・2回目 ──3分（1分しゃべる、2分ふり返る）

【4】しゃべる&ふり返る・3回目 ──3分（1分しゃべる、2分ふり返る）

　ここでの意識したいポイントは、「同じ内容を繰り返すようにすること」「うまくしゃべれた場合も、内容は一新せず、プラスアルファの英文を付け足す程度にとどめること」です。

　当然、同じことを反復していれば、だんだんスムーズに言えるようになります。すると、「英語を口から繰り出し続けること」以外のことも意識できる余裕が出てきます。そこで、大事な単語に気持ちを込めるなど、より血の通ったしゃべり方を心がけます。

　このように、より「自分の言葉」にするところまでトレーニングを繰り返すと、実際に英語をしゃべる場面でも、「リハーサル」した表現が口からスラッと出る確率がグンと上がってきます。

【5】内容を書き起こす ──3分

　ここで初めて、自分がしゃべった内容を書き起こしましょう。つづりや、細かいaとtheの使い分けなどは、あまり悩みすぎずに作文します。しゃべった内容を形にしておくことで、「いざ英語をしゃべる機会が来た!」という時に、内容をサッと思い出すことができるからです。そう、ネタ帳を作るような感覚です。

　どうしても間違いが気になる方は、無料で英文の添削をしてくれるサービスである「Ginger」などでサクッと添削をかけるぐらいがお勧めです。

【6】その日に同じ範囲を復習する ──15分程度

　Step 1の時と同じく、その日に取り組んだ新しい範囲に対して、「朝

取り組んだら、夜に復習」や「夜取り組んだら、寝る前に復習」のように、1日2回同じ範囲に取り組むようにします。

　2回目も、1回目と同じトレーニングをしてみてください。英文の内容の書き起こしである【5】は、回数を重ねるごとに改良を積み重ねていきましょう。

【7】翌日に前日の範囲を復習する ── 15分程度

　前日に取り組んだ範囲に対して、同じトレーニングをします。

　新しい範囲を初めて取り組むのに15分。同じ範囲を復習するのに15分。前日の範囲の復習にも15分。これがトレーニングに必要な時間の目安です。

Step 2 の賢い復習方法

　このStep 2も、数日置きに復習の日を設けています。スケジュール表（p36の表2）でいえば、21日目、25日目がその日です。復習は、以下の手順で取り組みましょう。

【1】書き起こしておいた原稿を見直す ── 1トピック1分

「どんなことをしゃべったかな?」と、一度思い出しておきましょう。なお、原稿を暗記する必要はありません。1トピック1分でさらりと見直します。

【2】何も見ずにしゃべってみる ── 1トピック1分

　一度、何度もトレーニングした内容ですから、ちょっとの見直しでスラッとしゃべれることを確認できるはずです。むしろ、なかなか内容が口から出てこない場合は、そもそも英文が100例文から外れすぎて

●表2 Step 2「実用化トレーニング」の学習スケジュール

内容	時間	17日目	18日目	19日目	20日目
新規の取り組み	15分	自己紹介	仕事の紹介	好きなこと	過去の成功体験
新規の復習	15分	自己紹介	仕事の紹介	好きなこと	過去の成功体験
前日の復習	15分		自己紹介	仕事の紹介	好きなこと
復習	45分	100例文			

21日目	時間	内容	22日目	23日目	24日目
17-20日目の復習	15分	新規の取り組み	妄想道案内	英語を学ぶ目的	未来の夢
	15分	新規の復習	妄想道案内	英語を学ぶ目的	未来の夢
	15分	前日の復習	前日間違えたもの	妄想道案内	英語を学ぶ目的
100例文	45分	復習	100例文		

時間	25日目
45分	22-24日目の復習
45分	100例文

いるのかもしれません。トレーニングしている範囲の英語を活用してしゃべっていることを確認しましょう。

【3】動画に撮影しながらしゃべってみる ──1トピック1分

　自分がしゃべっている様子を撮影します。スマートフォンのビデオ機

能で十分です。ややハードルが高く感じるかもしれませんが、見るのは自分だけ。思い切って撮影してみましょう！

【4】動画を見て、翌日からのトレーニングに活かす ── 1トピック1分

　筋トレでも、自分のフォームのチェックに動画を使うことがあります。英会話トレーニングでも同じです。記録に収めることで、より客観的に自分のことを認識できるのは、大きな収穫となります。動画を見ながら、例えば「ちゃんと100例文だけでしゃべれるものなんだな！」、あるいは「ボソボソとしていて声が聞こえないなぁ…」など気がついたことを、翌日の取り組みに活かしていきましょう。

　以上【1】～【4】の工程を、1トピックずつおこなっていきます。

　全トピックが終わったら、また同じことを繰り返します。

　そうすれば、復習の日1日で、3周はできるはずです。

　全体的なスケジュール感は、p.36の表2の通りです。

Step 3
「仕上げトレーニング」（3日間）の特徴・狙い・進め方

ちょっとした挨拶やリアクションができるようになる！

　ここまで来れば、1か月の集中トレーニングも終わりが見えてきます。ラスト数日、あとちょっとだけ新たなトレーニングを加えることで、途切れずにスラスラと英会話ができるようにしましょう。

　最後のStep 3は「仕上げトレーニング」としました。仕上げのような

ものなのでそう名付けましたが、内容を正確に言えば「定型フレーズトレーニング」となります。本書のトレーニングの締めくくりとして、知っているだけで会話がスムーズにつながる「飛び道具」とも言えるフレーズを手に入れるのが狙いです。

　取り組み方自体は、Step 1の「基礎トレーニング」におけるLesson 1〜3と同じです。すでに馴染みのある取り組みになっているため、スムーズに進められるはずです。今一度手順をおさらいすると、

【1】 Lesson1「構文」にフォーカスして解説を読む、音読する —— **1分**
【2】 Lesson2「イメージ」にフォーカスして解説を読む、音読する —— **1分**
【3】 Lesson3「発音」にフォーカスして解説を読む、音源を聴く、音読する —— **1分**

　1フレーズ（1ページ）につき、約3分を費やします。
これを、1日に15フレーズに取り組むと3分×15フレーズ＝45分になります。あわせて、すでにお伝えしたように、忘却曲線に乗っかってすぐに忘れてしまわないように、**【4】その日のうちにフレーズを最低1回ずつは音読しましょう（5分）。【5】また、翌日にも前日の範囲を最低1回ずつ音読します（5分）。**

　30フレーズ全範囲のトレーニングがいったん終わったら、その翌日、Step 3の全範囲を復習します。所要時間は55分程度です。スケジュール表である表3（p39）でいう28日目が、その日となります。
　まずは前半の30分、1ページを1分程度のペースでザッと見直していきます。ちょうど30分程度で全フレーズを見直すことができます。

後半の25分では、音源を使ったテストをします。音源の日本語訳を聞いたすぐ後に、何も見ずにフレーズが口から言えるかの確認をしてみましょう。全体的なスケジュール感は以下のようになります。

●表3　Step 3「仕上げトレーニング」の学習スケジュール

内容	時間	26日目	27日目	28日目
新規の取り組み	45分	フレーズ 1-15	フレーズ 16-30	26、27日目の復習
新規の復習	5分	フレーズ 1-15	フレーズ 16-30	
前日の復習	5分		フレーズ 1-15	
復習	30分	100例文		

　上記の手順を経て30フレーズを習得すれば、「しゃべれる」だけでなく、「コミュニケーションが取れる」人になることができます。

　実は、英会話のトレーニングをする過程で、特に一人で淡々と勉強を続けていると陥りがちなことがあります。それは、「がんばって英語がしゃべれるようになったのに、そもそも基本的な挨拶の仕方がわからない」、あるいは「相手の話にどう受け答えしていいかわからない」ということです。

　そんなちょっともったいない状態を最小限の労力で解消してくれるのが、この30のフレーズです。会話をスムーズにつなげてくれる、そして相手と自分とをつなげてくれる、とっておきの武器を手に入れていきましょう。

　それでは、スマートフォンに音源をダウンロードするなどの準備をした上で、Step 1から実際のトレーニングにトライしましょう！

Step 1の進め方

●初めて取り組む時

【1】Lesson 1「構文」にフォーカスして解説を読む、

音読する──**1分**

【2】Lesson 2「イメージ」にフォーカスして解説を読む、

音読する──**1分**

【3】Lesson 3「発音」にフォーカスして解説を読む、音源を聴く、

音読する──**1分**

【4】Lesson 4「置き換え」で「自分ごと」の英文を作る──**3分**

　➡この調子で、1日に10の例文に取り組み

【5】その日に同じ範囲を復習する──**15分程度**

【6】翌日に前日の範囲を復習する──**15分程度**

●それまで取り組んだ範囲を一気に復習する時

（4、8、12、14 ～ 16日目）

それまで取り組んだ範囲を一気に復習する──**90分程度**

● Step 1が全部終わったら（17日目以降）

この後のStep 2以降のトレーニングに進みながらも、合わせて

Step 1の復習を毎日組み込むようにする──Step 2取り組み時

には**1日45分**、Step 3取り組み時には**1日30分**

基礎トレーニング

● 表1 Step 1「基礎トレーニング」の学習スケジュール

内容	時間	1日目	2日目	3日目	4日目
新規の取り組み	60分	例文1-10	例文11-20	例文21-30	1-3日目の復習
新規の復習	15分	例文1-10	例文11-20	例文21-30	
前日の復習	15分		例文1-10	例文11-20	

内容	時間	5日目	6日目	7日目	8日目
新規の取り組み	60分	例文31-40	例文41-50	例文51-60	5-7日目の復習
新規の復習	15分	例文31-40	例文41-50	例文51-60	
前日の復習	15分	前日間違えたもの	例文31-40	例文41-50	

内容	時間	9日目	10日目	11日目	12日目
新規の取り組み	60分	例文61-70	例文71-80	例文81-90	9-11日目の復習
新規の復習	15分	例文61-70	例文71-80	例文81-90	
前日の復習	15分	前日間違えたもの	例文61-70	例文71-80	

内容	時間	13日目	時間	14日目	15日目	16日目
新規の取り組み	60分	例文91-100	90分	13日目の復習	例文1-50の復習	例文51-100の復習
新規の復習	15分	例文91-100				
前日の復習	15分	前日間違えたもの				

I'm [　　　].

私は[自分の名前]です。

Lesson 1　構文

1分で

「I'm + 名詞」の形で「私は〜です」と、自分が何者なのかを伝えることができます。名詞の部分には、**自分の名前**を入れたり、an office worker（会社員）といった**職業や立場**なども入ります。I'mは元々 I amという形ですが、**省略して使うことが一般的**です。

Lesson 2 イメージ　　　　1分で

名前を名乗る時に最も多く使われるのが、I'm［　　］. の形。友人との間でもビジネスでも使えます。My name is［　　］.は、よりフォーマルで大勢に向けて名乗る印象になります。名前が長い人はニックネームを伝えましょう。

Lesson 3 発音　　　　1分で

I am（アイアム）を縮めたI'm（アイム）を、サラッと発音できるようにしましょう！ 自分の名前は、出身国が違えば相手にとって馴染みがないことも多いので、ハッキリと話します。

Lesson 4 置き換え　※以下は置き換えの例　　　　3分で

I'm a student.
私は学生です。

I'm a tourist.
私は旅行者です。

I'm an office worker.
私は会社員です。

I'm a father of two kids.
私は二児の父です。

I'm the manager of this project.
私がこのプロジェクトの責任者です。

I'm good.

私は元気です。

Lesson 1　構文　　　　　　　　　　　　　　　1分で

「I'm＋形容詞」の形で「私は～です」と、自分の状態や感情を伝えることができます。I'm と形容詞の間に very（とても）／ so（とても）／ really（本当に）／ a little（少し）といった表現を追加することも多いです。否定形は「I'm not 形容詞」の形になります。

Lesson 2 イメージ

1分で

I'm good.は「**How is it going?（元気ですか?）**」という基本的な挨拶の返事として使えます。「元気ですよ」と伝えたい時はI'm good. と言いましょう。**I'm fine.**という表現は、実は「**大丈夫**」程度の印象になります。

Lesson 3 発音

1分で

goodは「グッド」ではなく「グーッ」に近い音を出してみましょう。I'mよりもgoodを強調して伝えるイメージで。この時にニコッと笑顔を見せると、コミュニケーション力がアップしますね。

Lesson 4 置き換え　※以下は置き換えの例

3分で

I'm great.
とても元気です。

I'm tired.
疲れているんです。

I'm a little busy.
ちょっと忙しいんです。

I'm not married.
結婚していません。

I'm not sure.
よくわかりません。

I'm so glad to meet you.

あなたに会えてとても嬉しいです。

Lesson 1　構文

1分で

英文の前半「I'm+形容詞」で「私は〜です」と、自分の状態や感情を伝えることができます。その後ろに「to+動詞の原形」をつなげ、自分の状態や感情（この英文の場合、嬉しい（glad））の理由を伝えています。

Lesson 2 イメージ

1分で

I'm glad to meet you.は初対面の挨拶表現です。初対面の時は
meetを、2度目以降はseeを使いましょう。ちなみにgladという単語は、
「よかった、ホッとしている」という意味での嬉しいを表します。一方
happyを使うと、「幸せだ」という、より強い喜びを表現します。

Lesson 3 発音

1分で

glad toは「d」を強く言わないようにし、meet youは「ミーユゥ」また
は「ミーチュー」と言うようにしましょう。また、soを強調するとより嬉し
さが伝わります。この時も嬉しい気持ちを表すために、笑顔を忘れ
ないようにしましょう。

Lesson 4 置き換え　※以下は置き換えの例

3分で

I'm glad to hear that.
それを聞いて嬉しいです。

I'm happy to help you.
お手伝いできて嬉しいです。

I'm surprised to hear that.
それを聞いてびっくりです。

I'm excited to go to Paris.
パリへ行くのが楽しみです。

I'm ready to go.
出かける準備ができています。

I'm sorry (that) I'm late.

遅れてごめんなさい。

Lesson 1　構文

1分で

「I'm + 形容詞」は、後ろに「that + 主語 + 動詞 〜」の形を取ることも
できます。thatは省略可能です。この形でも、**自分の状態や感情**（こ
の場合は申し訳なく思う（sorry））**の理由を伝える**ことができます。

(Lesson 2 イメージ)   1分で

時間に遅れてしまい謝るイメージで練習を。I'm sorryは、今回のような謝罪の他に、**相手を気の毒に思う意味もあります**。日本人は「すみません」をつい多用していますが、**英語では場面によってThank you.を使う**など、うまく使い分けできるといいですよ！

(Lesson 3 発 音)   1分で

2つ入っている**I'mは軽めに発音**し、sorryとlateをしっかり伝えると英語らしいリズムが出てきますよ！

(Lesson 4 置き換え) ※以下は置き換えの例   3分で

I'm sorry (that) I can't go.
行けなくてごめんなさい。

I'm glad (that) you like it.
気に入ってくれて嬉しいです。

I'm happy (that) you're back.
戻ってきてくれて嬉しいです。

I'm sure (that) you can do it.
きっとあなたならできると思います。

I'm surprised (that) you didn't know that.
あなたがそれを知らなかったなんて驚きです。

例文 005 🎧 5, 105 I + 一般動詞

I wake up at six every morning.

私は毎朝6時に起きます。

Lesson 1 構文 [1分で]

「I＋一般動詞（現在形）」で「私は~する」という意味になり、日常で習慣的に、あるいは繰り返し行うことを伝えることができます。今この瞬間に行っていることは、現在進行形（p.66）であらわします。否定形は、「I don't 一般動詞」の形です。

Lesson 2 イメージ

1分で

日々の生活パターンを誰かに話すイメージで練習しましょう。細かく言うとwake upは「目が覚める」という意味。一方、get upは「起き上がる」という意味になります。違いを知っておくといいでしょうが、実際はそこまで厳密に区別しなくても伝わりますよ。

Lesson 3 発音

1分で

wake up のwakeの部分とsixを特に強調して発音すると、英語らしいメリハリが出ます。また「ウエイカッ（pは軽めに発音）」という感じで言うと英語らしくなります。

Lesson 4 置き換え ※以下は置き換えの例

3分で

I go to work by train.
電車で会社に行きます。

I play soccer every weekend.
毎週末にサッカーをします。

I check my email every morning.
毎朝メールをチェックします。

I don't watch TV.
私はテレビを見ないんです。

I don't smoke.
私はたばこを吸いません。

I like your suit.

私はあなたのスーツが好きです。

Lesson 1 構文 1分で

p.50と同じ「I+一般動詞（現在形）」の形。その中でもlikeを使った「私は〜が好きだ」という表現は、**相手を褒めたり自分の好みを伝える時にとても役立ちます**。特に日本語と比べ英会話では、相手の服装・持ち物などを日常的に褒めます。

Lesson 2 イメージ

相手が何かイメージチェンジをしたら、さらっと英語で褒めることができるように練習を。I like your ～ は一般的で**ライトな褒め**にあたります。やや照れがある表現かもしれませんが、**誤解されることはまずありません**(笑)。

Lesson 3 発音

suitの発音は「スーツ」ではありません。あえてカタカナにするなら「スートゥッ」という感じでしょうか。「スー」にアクセントを置き、最後のtはほとんど発音せず消えていくイメージです。

Lesson 4 置き換え　※以下は置き換えの例

I like this song.
この歌好きなんです。

I like this color.
この色が好きです。

I like your taste.
いいセンスしてますね。

I like your idea.
あなたのアイデアいいですね。

I like your new hairstyle.
あなたの新しい髪型、素敵です。

I like playing the guitar.

私はギターを弾くのが好きです。

Lesson 1　構文

1分で

「I like ＋動詞の-ing形」で、好きな行動などを伝えることができます。
実際は、likeの後ろに動詞をつなげる時は、動詞の-ing形でも「to ＋
動詞の原形」でも、どちらでもOK。ただ「like ＋動詞の-ing形」は、
より「楽しい!(enjoy)」の意味が含まれます。

Lesson 2　イメージ

1分で

「What do you do in your free time?（空き時間は何してるの?）」
と聞かれ、それに答えるつもりで練習を。ちなみに「大好き」と言い
たい時には、likeをloveに変えて言うこともできます。loveは「愛して
いる」と訳されますが、これは**対象が人の時**。物事に対しては気軽
に使って大丈夫です！

Lesson 3　発音

1分で

playingのgは、日本語の「グ」と言う強い音にならないように軽めに
発音し、その後ろのtheも軽く発音しましょう。guitarのアクセント位置
は後ろの部分「tar（ター）」を強く発音しましょう。

Lesson 4　置き換え　　※以下は置き換えの例

3分で

I like **traveling**.
旅行するのが好きです。

I like **taking pictures**.
写真を撮るのが好きです。

I like **listening to music**.
音楽を聞くのが好きです。

I like **meeting new people**.
新しい人に出会うのが好きです。

I like **shopping with my friends**.
友達と一緒にショッピングをするのが好きです。

I need more time.

私はもっと時間が必要です。

Lesson 1　構文　　　　　　　　　　　　　　1分で

「I need 〜」で「私は〜が必要だ」という意味を伝えることができます。
wantが「（なくてもいいかもしれないけれど）ほしい」という意味で
あるのに対して、needは「客観的・状況的に必要だ（ないと困る）」
という意味になります。

(Lesson 2　イメージ)　　　　　　　　　　　　　　　　　1分で

すでに時間はある程度確保できているものの、**状況的にもっと必要**
としていると伝えるイメージで練習しましょう。これがI want more
time.になると、例えば、「家族との時間をもっとほしいなぁ」のように
主観的なイメージが増します。

(Lesson 3　発 音)　　　　　　　　　　　　　　　　　　1分で

needは「ニード」と日本語っぽくならないよう、dを軽く発音するイメー
ジで発音してみよう。timeのmも「ム」と言いすぎる必要はありません。
両唇を「軽くくっつける→離す」だけで、mの音がちゃんと出ます。

(Lesson 4　置き換え)　※以下は置き換えの例　　　　　　　　3分で

I need **more money.**
もっとお金が必要です。

I need **more practice.**
もっと練習が必要です。

I need **your help.**
あなたの助けが必要です。

I need **your advice.**
あなたのアドバイスが必要です。

I need **some rest.**
少し休息が必要です。

I want this one.

私はこれがほしいです。

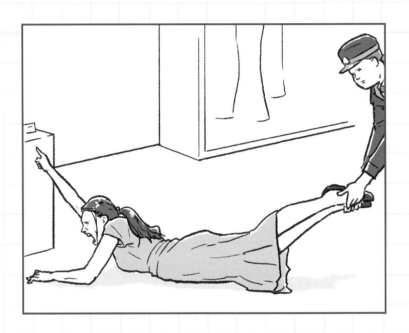

Lesson 1　構文　　　　　　　　　　　　　　　1分で

「I want + 名詞」で「私は〜がほしい」という自分の欲求や願望を伝えることができます。また、this one は「これ」という意味で買い物や注文などの決まりフレーズです。指を指して相手にほしいものを伝えるイメージで使います。

(Lesson 2 イメージ) 1分で

wantを使うと、友人・家族などに向けて「ほしいなぁ」と直球で伝え
ている印象になります。そんなイメージで練習してみましょう。より丁
寧な言い方にしたい時には、wantの部分をwould like（p.80）に入
れ替えます。

(Lesson 3 発音) 1分で

wantの発音は「ウオンッ（tは軽く発音するか、消える）」のイメージ
で発音してみよう。wantとthisを強調して言うと、より相手にわかり
やすい伝え方になります。

(Lesson 4 置き換え) ※以下は置き換えの例 3分で

I want this wallet.
この財布がほしいです。

I want a new one.
新しいのがほしいです。

I want a long vacation.
長期休暇がほしいです。

I want a ticket to the concert.
コンサートのチケットがほしいです。

I want a house with a garden.
庭付きの家がほしいです。

例文
010
🎧 10, 110 I want to be

I want to be a singer.

私は歌手になりたいです。

Lesson 1　構文

1分で

wantは後ろに《to＋動詞の原形》の形を取り、「want to＋be 名詞／形容詞」の形で「〜になりたい」と伝えることができます。want to を変化させた言い方のwanna（ワナ）は、かなりカジュアルな印象を与え、日常英会話では頻繁に使われます。

Lesson 2 イメージ

1分で

「What do you want to be?(何になりたいの?)」などと将来や夢を
語る時に、beの後ろになりたい**職業・役割**を当てはめるイメージで
練習してみましょう。その他、「こうありたい」という**性格や状態**(例:
want to be kind.(やさしくなりたい))を後ろにつなげることもできます。

Lesson 3 発音

1分で

want to は「ウオント トゥ」ではなく、「ウオントゥ」とつなげてしまいましょ
う。その後ろの be aの部分も「ビィア」と滑らかにつなげて発音しよう。

Lesson 4 置き換え ※以下は置き換えの例

3分で

I want to be an expert.
専門家になりたいです。

I want to be a good listener.
聞き上手になりたいです。

I want to be rich.
お金持ちになりたいです。

I want to be positive.
前向きになりたいです。

I want to be alone today.
今日は一人になりたいです。

I want to travel abroad.

私は海外旅行したいです。

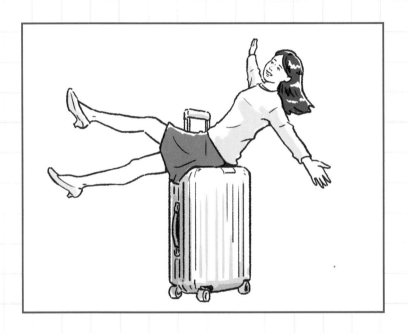

Lesson 1　**構文**

1分で

wantと一般動詞を組み合わせた「want to+動詞の原形」の形で、「～したい」という意味になります。今すぐしたいことから、将来したいことまで、時間の感覚も幅広く、またいろいろな程度の願望を伝えることができます。否定形は「don't want to 動詞の原形…」の形です。

Lesson 2　イメージ

「海外旅行したいなぁ！」という気持ちで練習してみましょう。「（具体的な場所）に旅行したい」と言いたい時には、travel to（場所）という言い方で表現できます。また、**丁寧さをアップ**するには、**want to** の部分をwould like toに入れ替えます。

Lesson 3　発音

want to は「ウオント トゥ」ではなく、「ウオントゥ」とつなげてしまいましょう。travelは英語っぽくするのが難しいです。「トゥラベウ」という感じで言ってみるとそれっぽくなります。

Lesson 4　置き換え ※以下は置き換えの例

I want to **save money.**
貯金をしたいです。

I want to **say thank you.**
ありがとうって言いたいです。

I want to **talk with my client.**
クライアントと話がしたいです。

I want to **find a new girlfriend.**
新しい彼女を見つけたいです。

I want to **finish this work soon.**
早くこの仕事を終わらせたいです。

I enjoy running in the park.

私は公園を走るのを楽しみます。

Lesson 1　構文　　　　　　　　　　　　　1分で

動詞の後に動詞をつなげる時、enjoyは「enjoy＋動詞の-ing形」の形を取り「（〜するの）を楽しむ」という意味になります。その他、Enjoy your trip!（良い旅を!）、Enjoy your meal.（食事を楽しんで。）など、enjoyは旅行先でもよく耳にする単語です。

Lesson 2　イメージ　1分で

「What do you do in your free time?（空き時間は何してるの?）」などと尋ねられ、それに答えるイメージで練習しましょう。「enjoy -ing」は「like -ing」（p.54）と同じく、自分が何かに対して「楽しいな!」と感じて取り組んでいる様子が伝わります。

Lesson 3　発 音　1分で

enjoy は「エンジョイ」ではなく「インジョイ」に近い発音をすると英語らしくなります。runningのgは強く発音しすぎず、滑らかにinと繋がるといいですね。

Lesson 4　置き換え　※以下は置き換えの例　3分で

I enjoy talking with you.
あなたと話すのが楽しいです。

I enjoy skiing in winter.
冬にはスキーを楽しみます。

I enjoy working with you.
あなたと働けて楽しいです。

I enjoy learning new things.
新しいことを学ぶのは楽しいです。

I enjoy shopping on my day off.
休日はショッピングを楽しみます。

I'm waiting for his email.

私は彼のメールを待っています。

Lesson 1 構文   1分で

「I＋一般動詞（現在形）」（今回はI wait）を、「I'm＋ -ing（現在進行形）」（今回はI'm waiting）にすれば、「今〜している真っ最中」と伝えることができます。今回ならば、I waitがI'm waitingとなります。その他、すでに準備万端な未来の予定をI'm＋ -ingで表すこともあります。

Lesson 2 イメージ

1分で

「What are you doing now?（今何しているの?）」（p.170）と尋ねられ、それに答えるイメージで練習しよう。ちなみに、日本語で「メール」と読んでいるものは、英語ではemailと言います。英語でmailと言うと郵便を指してしまいますから気をつけましょう。

Lesson 3 発音

1分で

waitとhis emailを強めに発音すると、意味が伝わりやすくなります。逆に、I'mやforは軽めに発音しましょう。waitingのtはdのような音になり「ウェイディング（gは軽めに発音）」となります。

Lesson 4 置き換え ※以下は置き換えの例

3分で

I'm just looking.
ちょっと見ているだけです。

I'm taking a video.
動画を撮っています。

I'm having lunch now.
今ランチを食べています。

I'm preparing for the presentation.
プレゼンテーションの準備をしています。

I'm receiving my package today.
今日荷物を受け取る予定です。

I have to leave now.

私は今、出発しなくてはなりません。

1分で

haveは「have to」の形になると、「なければならない（義務）」の意味になり、「have to ＋ 動詞の原形」の形で使います。よくhave to＝mustと習いますが、mustは主観が入っていて命令的。それに比べhave to は客観的なニュアンスです。

Lesson 2　イメージ　1分で

何かの事情があり「行かなきゃ」と思うイメージで練習してみましょう。このフレーズは、場を去る時のキッカケとしてよく使われます。I'm sorry, but 〜（すまないけど）という表現とセットで使うことも多いです。この一言を入れると、去り際に角が立ちません。

Lesson 3　発音　1分で

have toは「ハブトゥ」ではなく「ハフトゥ」または「ハフタ」です。この英文では、have toのhave（ハフ）の部分やleaveを強調して発音すると意味が伝わりやすいです。

Lesson 4　置き換え　※以下は置き換えの例　3分で

I have to hurry.
急がなければなりません。

I have to ask my boss.
上司に相談せねばなりません。

I have to go to the dentist.
歯医者に行かなくてはなりません。

I have to work on Sunday too.
日曜日も働かなくてはなりません。

I have to improve my English skill.
英語力を向上させなければなりません。

I don't have to prepare lunch today.

私は今日はランチの準備をしなくていいです。

Lesson 1 　構 文　　　　　　　　　　　　　　　　　1分で

have toとmustは、否定形になると全く違う意味になります。must not(mustn't)が主観的な「してはいけない」の意味になるのとは逆に、don't have toは「する必要はない／しなくていい」というニュアンスになります。

Lesson 2 イメージ 1分で

何かの理由でランチを用意しなくていい自分をイメージして練習しましょう。prepareは、makeやcookに置き換えて使えます。makeは料理全般を作る、cookは火を通して料理するという意味です。また、lunchは「特別なランチ」と強調したい時以外は、一般的にa/theがつきません。

Lesson 3 発音 1分で

否定の部分 don'tのdonを特に強調するようにしましょう。否定の意味合いが、よりちゃんと相手に伝わります。またhave toは「ハブトゥ」ではなく「ハフトゥ」または「ハフタ」でしたよね。

Lesson 4 置き換え ※以下は置き換えの例 3分で

I don't have to worry about that.
それについて心配する必要はありません。

I don't have to go to work today.
今日仕事に行く必要はありません。

I don't have to get up early today.
今日早く起きる必要はありません。

I don't have to do my homework tonight.
今夜宿題をする必要はありません。

I don't have to attend the next meeting.
次の会議に出席する必要はありません。

I can hear you clearly.

私はあなた（の声）がはっきり聞こえます。

Lesson 1　構文　　　　　　　　　　　　　　　　　　1分で

「I ＋ can ＋ 動詞の原形」で「私は〜できる」の意味になります。否定形は cannot か、それを縮めた形 can't です。日常会話では can't を使うことが多く、cannot はフォーマルな場面か、特に強調したい時に使います。

Lesson 2 イメージ

電話やウェブ会議などで、相手の声が「ちゃんと聞こえますよ」と伝えるフレーズです。よくcanの言い換え表現としてbe able toを習いますが、短く言いやすいcanの方をまずは使えるようにしましょう。

Lesson 3 発音

「できる！」という意味を伝えたくなってcanを強くしたくなりますが、実際はその後ろ「hear」をしっかり伝えてあげましょう。一方、否定の文ではcan'tをしっかり強調しましょう。

Lesson 4 置き換え　※以下は置き換えの例

I can imagine that.
それは想像がつきます。

I can eat anything.
何でも食べられます。

I can reschedule the meeting.
会議をリスケできます。

I can't go online.
ネットに繋がりません。

I can't open the file.
ファイルを開けることができません。

Can I have the last cookie?

最後のクッキーを食べてもいいですか?

Lesson 1　構文

1分で

「Can I 動詞の原形〜?」と疑問文にすると、「〜してもいい?」という身近な相手に**許可を取る表現**になります。またCan I have 〜? は、身近な人に対して使えるだけでなく、haveの後ろに注文したいメニューなどを繋げることもでき、旅行などでも広く使えます。

74

(Lesson 2 イメージ)　　　　　　　　　　　1分で

お皿に残っている最後のクッキーを「食べちゃっていい?」と友人に尋ねるイメージで練習してみましょう。丁寧な印象をプラスしたい時には、語尾にplease.をつけます。同じような表現であるMay I 〜?（〜してよいでしょうか?）は、目上の方に使うフォーマルな印象です。

(Lesson 3 発音)　　　　　　　　　　　1分で

Can Iは「キャナイ」と発音するぐらいでスムーズにつながります。lastのtは軽く発音するように、またcookieは「クッキー」と平らな日本語発音にならないように気をつけましょう。cookieの冒頭、「クッ」の部分にしっかりアクセントを置きます。

(Lesson 4 置き換え)　※以下は置き換えの例　　　3分で

Can I have a tall latte?
トールサイズのラテをもらえますか?

Can I have some water?
お水をいただけますか?

Can I borrow your pen?
ペンを借りてもいいですか?

Can I use the bathroom?
トイレを使ってもいいですか?

Can I ask you a question?
質問してもいいですか?

I should take an umbrella.

私は傘を持って行ったほうがよさそうです。

Lesson 1　構文　　　　1分で

「I＋should＋動詞の原形〜」で「私は〜した方がいい/すべきだ」という義務の意味になります。否定形はshould notか縮めた形shouldn'tです。ここでは主語がIですから、自分を促すような表現になっています。have toと比べるとやわらかい表現です。

Lesson 2 イメージ　　　　　　　　　　　　　　　1分で

「傘、持った方がいいよなぁ」と自分に対してつぶやくイメージで練習しましょう。shouldは「〜すべきだ」という意味だと習いますが、この日本語だとやや堅苦しい単語に感じてしまうかも。実際は、もっと軽い促しのニュアンスとしてよく使われる表現です！

Lesson 3 発音　　　　　　　　　　　　　　　　1分で

shouldのdは軽く発音し、take anは「テイカン」と繋がる感じです。umbrellaは「bre」の部分にしっかりアクセントを置きましょう。

Lesson 4 置き換え　　※以下は置き換えの例　　　　3分で

I should talk with my boss.
　上司と話をしたほうがよさそうです。

I should explain more clearly.
　もっとはっきり説明したほうがよさそうです。

I should take care of my health.
　健康に気を付けたほうがよさそうです。

I shouldn't go there.
　そこへは行かないほうがよさそうです。

I shouldn't drink too much.
　お酒を飲みすぎないほうがよさそうです。

Should I wear a jacket?

私はジャケットを着たほうがいいですか？

Lesson 1 構文

1分で

「Should I 動詞の原形〜?」の形にすると、「〜した方がいいかな？」という意味になり、**自分自身に問いかけたり、誰かにアドバイスを求めたりする表現**になります。また、**wearは「身につけている」という動詞で、洋服の他、靴や時計に対しても使えます。**

Lesson 2 イメージ `1分で`

誰かに服装関係の助言を求めるイメージで練習してみましょう。この
シチュエーションは、気候を考慮したりビジネスでの服装を気にしたり、
ドレスコードのあるレストランに行く時にもよくありますね！

Lesson 3 発音 `1分で`

Should Iは「シュッダーイ」のように、滑らかにつながるイメージで言
えるようにしましょう。jacketは「ジャーケッ」という感じで「ジャ」にア
クセントを置き、最後のtはほとんど発音せず消えていくイメージです。

Lesson 4 置き換え ※以下は置き換えの例 `3分で`

Should I wear a tie?
ネクタイをつけたほうがいいですか？

Should I clean this room?
この部屋を掃除したほうがいいですか？

Should I wash the dishes?
お皿を洗ったほうがいいですか？

Should I close the window?
窓を閉めたほうがいいですか？

Should I bring my computer?
私のパソコンを持ってきたほうがいいですか？

I'd like another beer.

もう一杯ビールがほしいです。

Lesson 1　構文　　　　　　　　　　　　　　　1分で

「would like」には「〜がほしい」という意味があり、「I'd like＋名詞」
の形で「私は〜がほしいです」というお願い表現になります。**I'd** は
I wouldの短縮ですが、一般的に**I'd**が使われます。また、「〜を希望
します」（例：I'd like a window seat.（窓側の席を希望します））の
ようにも使えます。

Lesson 2 イメージ

1分で

ドリンクのお代わりを注文する想定で練習しましょう。I want（p.58）より丁寧にお願いしているイメージです。another beerは直訳すると「別のビール」となりますが、anotherが「同じ種類の別のもの」を指しており、この表現でお代わりを注文できます。

Lesson 3 発音

1分で

I'd likeのdは軽く発音。飲食店で注文する時のお決まりフレーズなので、特にスムーズに言えるようにしたいですね。

Lesson 4 置き換え　※以下は置き換えの例

3分で

I'd like another coffee.
コーヒーをもう一杯いただきたいです。

I'd like another copy of this.
このコピーをもう1部いただきたいです。

I'd like the wine list.
ワインリストをいただきたいです。

I'd like a window seat.
窓側の席をお願いします。

I'd like your opinion.
あなたのご意見を伺いたいです。

I'd like to check in.

チェックインしたいです。

Lesson 1　構文　　　　　　　　　　　　　　1分で

「I'd like to 動詞の原形」で「〜したいのですが」と要望を伝える表現です。want to (p.62) が、同じ意味のカジュアルな表現である一方、「I'd like to」は丁寧な表現です。初対面の場合や仕事など丁寧に要望を伝えたい時には、I'd like toを使ってみましょう。

(Lesson 2 イメージ)　1分で

ホテルや空港のカウンターで手続きをお願いするイメージで練習しましょう。語尾にpleaseをつけてI'd like to check in, please.とすると、さらに丁寧な印象になります。チェックアウトの時はcheck inの部分をcheck outに変えるだけでOKです。

(Lesson 3 発音)　1分で

I'd like toのdとtoは軽やかに発音しつつ、check inをしっかり伝えましょう。check inは「チェッキン」のような音になります。

(Lesson 4 置き換え)　※以下は置き換えの例　3分で

I'd like to **try this on.**
これを試着したいのですが。

I'd like to **introduce myself.**
自己紹介をいたします。

I'd like to **make a reservation.**
予約をしたいのですが。

I'd like to **have a meeting with you.**
あなたと会議をしたいのですが。

I'd like to **spend time with my family.**
家族と一緒に時間を過ごしたいです。

I was a student at A university.

私はA大学の学生でした。

Lesson 1　構文

1分で

「I was＋名詞」の形で「私は〜でした」と、自分が過去に何者だったのかを伝えることができます。名詞の部分には、かつての職業や立場を入れることができます。

Lesson 2 イメージ

1分で

自己紹介などで過去のことを話すシーンをイメージしましょう。文末に two years ago（2年前）などをくっつけると、過去の時期をより詳細に伝えられます。通っている（いた）学校や会社は、「at＋学校名／会社名」の形で表わせます。ちなみに左のイラスト、本書の中で最も想像する難易度が高いかもしれませんが（笑）、ぜひどんなシーンなのかを好きに想像してください。

Lesson 3 発音

1分で

I was はI'mのように縮めることはできないのでそのままで。was a の部分は「ワザァ」のようにスムーズに繋げられるようにしましょう。

Lesson 4 置き換え　※以下は置き換えの例

3分で

I was a shy girl.
　私はシャイな女の子でした。

I was a salesperson.
　私は販売員でした。

I was a fast runner.
　私は足が速かったです。

I was a big fan of him.
　私は彼の大ファンでした。

I was a member of that project.
　私はあのプロジェクトのメンバーでした。

I was very busy last week.

私は先週、とても忙しかったです。

Lesson 1　構文　　　　　　　　　　　　　　1分で

「I was + 形容詞」の形で「私は〜でした」と、自分の過去の状態や感情を伝えることができます。文末にlast weekと時間の表現をつけることで、いつぐらい前の過去なのかを詳細に伝えることもできます。wasの否定形はwasn'tです。

(Lesson 2　イメージ)　　　　　　　　　　　　1分で

「How was last weekend ?（先週末はどうでしたか?)」と聞かれた時に返事をするイメージで練習を。veryの部分には、同じ意味のso（とても）やreally（本当に）を使ってもOK。**soのほうがよりカジュアルな話し言葉。reallyにはより主観的な気持ちがこもります。**

(Lesson 3　発音)　　　　　　　　　　　　　1分で

多忙さを強調する単語のveryはしっかり発音。そのあとのbusyは「ビジー」ではなく「ビズィー」というニュアンスを意識してみよう。

(Lesson 4　置き換え)　※以下は置き換えの例　　　3分で

I was **lucky.**
　ラッキーでした。

I was **lazy.**
　やる気がなかったんです。

I was **so nervous.**
　すごく緊張していました。

I wasn't **sleepy.**
　眠くなかったです。

I wasn't **drunk.**
　酔っていませんでした。

I watched a movie on Netflix.

私はネットフリックスで映画を見ました。

Lesson 1 　構文　　　　　　　　　　　　1分で

「I + 一般動詞の過去形」で、「私は〜した」と過去の事を表します。否定形は「didn't + 動詞の原形」です。on Netflixという表現がありますが、元々「テレビで」をon TVという他、ネット上のサービスで何かをする時には「on + (サービス名)」という言い方をします。

Lesson 2 　イメージ　　　　　　　　　　　　1分で

「What did you do last night？（昨晩は何をしていたの？）」と聞かれた時に答えるイメージで練習しよう。映画を「見る」という動詞にはwatchの他 seeも使えます。**watch**はじっと集中して見ている様子、**see**は自然と映像が視界に入ってくる様子です。

Lesson 3 　　発 音　　　　　　　　　　　　　1分で

watchの過去形 **watched**は「ウオッチト」とedの音を濁らせないで発音しましょう。固有名詞のNetflixもNeの部分にアクセントを置いてより英語っぽく。

Lesson 4 　置き換え　　※以下は置き換えの例　　　3分で

I bought some books.
何冊か本を買いました。

I forgot my password.
パスワードを忘れました。

I stayed home all day.
一日中家にいました。

I lost my key yesterday.
昨日鍵を失くしました。

I had a great time with you.
ご一緒して楽しかったです。

I wanted to pass the test.

私はテストに合格したかったです。

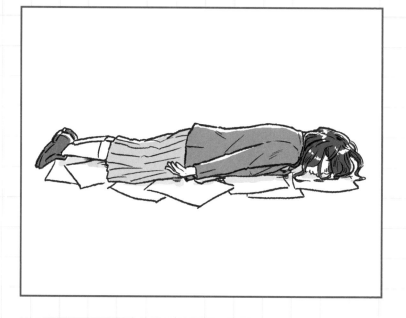

Lesson 1　構文

1分で

「I＋一般動詞の過去形」で、「私は〜した」と過去の事を表しますが、その中でも、want to 動詞の原形（p.62）の過去形「wanted to 動詞の原形」を学びましょう。この形で「〜したかった」という願望の意味を表すことができます。

Lesson 2 イメージ　　　　　　　　　　1分で

「〜したかった」という過去の願いや想いをイメージしましょう。この wanted toを使う時、「**過去の願望が実際に叶ったのか?**」までは伝**わりません**（文脈や言い方で伝わることもありますが）。この後にもうちょっと言葉を足して説明を繋げるといいですね。

Lesson 3 発音　　　　　　　　　　1分で

wanted to を「ワンテッド トゥ」と発音すると、言いにくいですよね。「ワンテットゥ」とギュッと縮めてしまいましょう。実際には「ワニダ」に近い読み方をされます。ワニ? 知らないと聞き取れないですよね。

Lesson 4 置き換え　※以下は置き換えの例　　　3分で

I wanted to **be there.**
そこにいたかったです。

I wanted to **be a writer.**
作家になりたかったです。

I wanted to **go with you.**
あなたと一緒に行きたかったです。

I wanted to **study abroad.**
留学したかったです。

I wanted to **win the game.**
試合に勝ちたかったです。

I was playing with my son.

私は息子と遊んでいました。

Lesson 1　構文　　　　　　　　　　　　　　　　　1分で

p.66で「I'm＋-ing」（今〜している）を学びましたが、「I was -ing」の形になると「過去〜していた真っ最中」と伝えることができます。またplayは、「（スポーツ/楽器の演奏を）をする」など様々な意味がありますが、play withでは「〜と遊ぶ」という意味になります。

Lesson 2　イメージ　　　　　　　　　　　1分で

「What were you doing then？（その時何をしていたの?）」などと
尋ねられた時に、やっていたことをイキイキ思い出して答えるイメー
ジで練習しましょう。その他、過去進行形は「～の時に…をしていた
んだよ」と、when（～の時 p.238）とセットになることが多いです。

Lesson 3　発 音　　　　　　　　　　　　1分で

playingのgを軽やかに発音しましょう。withはthの発音が「舌を歯に
摩擦させる」難しい音ですが、あまりこだわらなくて大丈夫！wiの部
分がちゃんと聞こえたら、相手にはwithと伝わります。sonは「ソン」じゃ
なくて「サン」なので要注意。

Lesson 4　置き換え　　※以下は置き換えの例　　　3分で

I was **taking a shower.**
シャワーを浴びていました。

I was **writing the report.**
レポートを書いていました。

I was **driving at that time.**
あの時運転していました。

I was **walking to the station.**
駅まで歩いていました。

I was **working out at the gym.**
ジムでトレーニングをしていました。

I will go on a diet.

私はダイエットします。

Lesson 1 **構文**

1分で

「I will＋動詞の原形」の形を作って、「今思いついて、未来にすること、したいこと」を伝えることができます。また、「自分の意志を相手に伝える時」や、「相手に約束をする時」にも will を使います。短縮形は I'll です。同じく未来を表す be going to do は、前もって予定していることに関して使います。一方、will には入念さがありません。

(Lesson 2 **イメージ**) 　　　　　　　　　　　　　　　　　　1分で

「よし、ダイエットするぞ!」と"今"決心したイメージで練習しましょう。
このようにwillは、会話の最中で相手の話や問いかけを受け、その
場で思いついたことに対して使います。ちなみに、**go on a diet**は「ダ
イエットする」という決まりフレーズです。

(Lesson 3 **発音**) 　　　　　　　　　　　　　　　　　　1分で

go on aを「ゴーオンナ」とつなげると英語っぽくなります。I willは「ア
イウィル」ではなく「アイウィウ」っぽく発音すると、口が回りやすい
です。省略したI'llの場合は「アイウ」っぽく発音します。

(Lesson 4 **置き換え**) ※以下は置き換えの例 　　　　　　3分で

I will call you later.
後で電話します。

I will wash the dishes.
お皿を洗います。

I'll follow your advice.
あなたのアドバイス通りにします。

I'll be back in a minute.
すぐに戻ります。

I'll start the online meeting.
オンライン会議を始めます。

I'm going to go to bed soon.

私はすぐに寝るつもりです。

Lesson 1　構文

1分で

「I'm going to + 動詞の原形」の形で「私は～する予定だ」と前もって予定していることを表現できます。その他にも、「強い意志や約束」ではなく「単に自分の心の中でしようと思っていること」を相手に伝える時にも使います。I will（p.94）とは、同じ未来表現でもニュアンスが異なるのを覚えておきましょう。

Lesson 2　イメージ　　　1分で

「be going to + 動詞の原形」の持つ「かねてから計画していた予定」
というイメージを持ちながら練習してみましょう。go to bed は「ベッド
に向かう」ことを表す決まりフレーズです。同じ就寝にまつわる単語
でも、sleepは眠る（寝ている状態が続く）を表す動詞です。

Lesson 3　発音　　　1分で

I'm going toはI'mを軽めに発音し、goingのgoにしっかりアクセント
を乗せます。go to bedは決まりフレーズなので、特に一息で言える
ようにします。going toの部分は、よりカジュアルになるとgonna（ゴ
ナ／ガナ）と発音することが多いです。

Lesson 4　置き換え　※以下は置き換えの例　　　3分で

I'm going to sell my car.
自分の車を売る予定です。

I'm going to change my job.
転職するつもりです。

I'm going to move next month.
来月引っ越す予定です。

I'm going to take a day off tomorrow.
明日休みをとるつもりです。

I'm going to visit my friend tomorrow.
明日友人を訪ねる予定です。

I'm looking forward to seeing you.

私はあなたに会うのを楽しみにしています。

Lesson 1 　構文 　　　　　　　　　　　1分で

「I'm looking forward to」の形に「-ingまたは名詞」をつなげると、「楽しみにしている」という気持ちを伝えることができます。forward to seeのように、toの後ろを動詞の原形にしてしまわないよう注意しながら覚えよう。

Lesson 2 イメージ

「会うのが楽しみ！」という気持ちで練習しましょう。また、相手からこの言葉をかけられたらMe too.と返事をすればOK。「I'm looking forward to＋名詞／-ing」は身近な人向けの印象になるのに対し、「I look forward to＋名詞／-ing」とすればビジネス向けの表現になります。

Lesson 3 発音

lookingやseeingの語尾にあるgや、forwardの語尾にあるdの存在感を出さずに軽く発音できると、より英語っぽくなります。I'm looking forward toも決まりフレーズなのでスラっと一息で発音できるように！

Lesson 4 置き換え ※以下は置き換えの例

I'm looking forward to **the party.**
パーティを楽しみにしています。

I'm looking forward to **next time.**
次回を楽しみにしています。

I'm looking forward to **going to Hawaii.**
ハワイに行くのを楽しみにしています。

I'm looking forward to **working with you.**
一緒に働けるのを楽しみにしています。

I'm looking forward to **meeting your friends.**
あなたの友達に会えるのを楽しみにしています。

I'm getting hungry.

私はお腹がすいてきました。

getは「得る」をはじめ、他にもたくさんの意味があります。その一つ「〜になる」という意味のgetを-ing（現在進行形）の形にして「I'm getting 形容詞／名詞」にすると、状態が少しずつ変化している様子を伝えることができます。

Lesson 2 イメージ　　　　　　　　　　　　　1分で

「あ〜、お腹が空いてきた（きている）なぁ」という想いを伝えるイメージで練習を。この「〜になってきた（きている）」と感じることは多々あるはずです。空腹をはじめとする体調に関することや、感情の変化に対しても使ってみましょう。

Lesson 3 発音　　　　　　　　　　　　　　　1分で

gettingの発音は「ゲディング（gは軽めに発音）」のように、tの音をdのように発音すると英語っぽくなります。

Lesson 4 置き換え　※以下は置き換えの例　　　　3分で

I'm getting sick.
具合が悪くなってきました。

I'm getting better.
よくなってきました。

I'm getting bored.
つまらなくなってきました。

I'm getting thirsty.
喉がかわいてきました。

I'm getting excited.
ワクワクしてきました。

I used to drink every day.

私は**以前は**毎日（お酒を）飲んだものです。

Lesson 1　構文

1分で

use（使う）は「**used to**」の形になると「かつて〜だった」という過去の意味になります。動詞の前に置き「**used to＋動詞の原形**」で使います。似たような形に**be used to -ing**（〜に慣れている）という表現があります。混同しないようにしましょう。

Lesson 2　イメージ

1分で

単なる過去形と違い、used to＋動詞の原形は「現在とは違う過去」です。それをイメージしながら「以前は毎日お酒を飲んでいた→今は違う」という気持ちで練習しましょう。drinkは後ろに飲み物の名詞が来なくても、それ単体で「お酒を飲む」という意味になります。

Lesson 3　発音

1分で

used は「ユーズド」ではなく「ユースト」に近い発音です。またused toは「ユーストトゥ」ではなく「ユーストゥ」のように繋げて発音しましょう。

Lesson 4　置き換え　※以下は置き換えの例

3分で

I used to smoke.
以前はたばこを吸っていました。

I used to wear glasses.
以前はメガネをかけていました。

I used to work with her.
以前は彼女と一緒に働いていました。

I used to live in London.
以前はロンドンに住んでいました。

I used to be very busy.
以前はすごく忙しかったです。

I think I can do it.

私はできると思います。

Lesson 1　構 文　1分で

「I think＋主語＋動詞〜」の形で、「私は〜だと思います」と伝えることができます。実際は、I thinkの後は「that＋主語＋動詞〜」と、接続詞のthatがあります。ただthatは省略されることが多いです。

(Lesson 2 イメージ)　　　　　　　　　　　　　　1分で

I thinkをつけることで、日常会話でもビジネスでも、**断定的ではなくソフトな主張をすることができます**。一方、日本語でも「思います」の連発は、クドく発言に説得力がなくなりますよね。英語も同じ。使いすぎには注意です。

(Lesson 3 発音)　　　　　　　　　　　　　　　1分で

I thinkはスムーズに繋げて発音し、その後のdo itを最も強く言うようにしましょう。do itは「ドゥイッ」という感じです。

(Lesson 4 置き換え)　※以下は置き換えの例　　　　　3分で

I think this is mine.
これは私のものだと思います。

I think you'll be OK.
あなたなら大丈夫だと思います。

I think that's a great idea.
それはすごくいい案だと思います。

I think that's a common mistake.
それはよくある間違いだと思います。

I think this is the best restaurant.
ここは一番いいレストランだと思います。

You're a great teacher.

あなたは素晴らしい先生です。

Lesson 1　構文

1分で

「You're＋名詞（または形容詞＋名詞）」の形で「あなたは〜ですね」と、相手がどういう人であるかを伝えることができます。you'reは元々はyou areの形ですが、短縮して使うことが一般的です。相手の役割を明確にする時の他、相手を褒めたりする時に使えます。

Lesson 2　イメージ　1分で

greatと言っていますから「あなたって素晴らしいね！」という感想を伝えるつもりで練習してみましょう。逆に自分が褒められたら、謙遜するのではなく、Thank you.と素直に受け止められるようになるといいですね！

Lesson 3　発音　1分で

相手を褒めるgreatをしっかり強調して伝えましょう。great は「グレイッ」というニュアンスで、語尾のtは消えるように弱めです。一方、その後ろに続くteacherのtはハッキリ発音します。

Lesson 4　置き換え　※以下は置き換えの例　3分で

You're a good cook.
料理上手ですね。

You're a fast learner.
飲み込みが早いですね。

You're a hard worker.
頑張り屋ですね。

You're a great student.
素晴らしい生徒ですね。

You're a funny person.
面白い人ですね。

You're so kind.

あなたはとっても優しいです。

Lesson 1　構文

1分で

「You're＋形容詞」の形で「あなたは〜です」と、相手の性格や状態を伝えることができます。very（とても）／ so（とても）／ really（本当に）／ a little（少し）といった表現とセットで使うことも多いです。否定形はYou're not…の形になります。

Lesson 2 イメージ　　　　　1分で

親切にしてくれた相手に声をかけるイメージで練習してみましょう。相手の性格や状態を言葉にすることで、コミュニケーションがスムーズになります。kindは「親切な／優しい」という意味で広く活用できます。niceなども「いい／優しい」という性格を表現できます。

Lesson 3 発音　　　　　1分で

soは強調するようにしましょう。kindは「カァインド（dは軽く発音）」と単語の最初をしっかり発音します。

Lesson 4 置き換え　※以下は置き換えの例　　　　　3分で

You're smart.
頭がいいですね。

You're friendly.
フレンドリーですね。

You're so honest.
すごく正直ですね。

You're so beautiful.
すごくきれいですね。

You're really positive.
本当に前向きですね。

You look so nice.

あなたはとても素敵な感じです。

Lesson 1　構文　　　　　　　　　　　　　1分で

「You look＋形容詞」の形で「あなたは〜のように見えます」と、「見た目の印象」から感じる相手の状態を伝えることができます。似た意味の単語にseemがありますが、これは「自分の憶測も含めた印象」を伝えることになります。まずは使い分け不要。lookで十分です！

Lesson 2　イメージ

`1分で`

相手が今日はいつもと何か違うステキな感じ！と気がついて声をかけるイメージで練習を。この場合のniceは、「ステキ／いい感じ／似合っている」などという意味。後ろにin the dress（ワンピースが）などをつけ、より具体的に何が似合っているのかも伝えられます。

Lesson 3　発　音

`1分で`

soはしっかり発音するようにします。niceは「ナァイス（スは軽い息遣いで発音するように）」と、単語の最初を強調しましょう。

Lesson 4　置き換え　※以下は置き換えの例

`3分で`

You look **so happy.**
すごく幸せそうですね。

You look **so excited.**
すごくワクワクしているようですね。

You look **angry.**
怒っているようですね。

You look **different today.**
今日は違う感じですね。

You look **good in black.**
黒が似合いますね。

Do you play music?

あなたは音楽を演奏しますか?

Lesson 1　構文　　　　　　　　　　　　1分で

「You＋一般動詞」の英文は「Do you＋動詞の原形〜?」にすると疑問文になり、「あなたは〜をしますか?」と尋ねることができます。日々の習慣や行動を尋ねることができる他、動詞に合わせた幅広い問いかけができます。

Lesson 2　イメージ

1分で

お互いの趣味の話や音楽の話になった時に尋ねるイメージで練習してみましょう。もし自分が返答する場合には、**Yes/No** だけで終わるのでなくプラス1、2文付け加えて具体的な情報を伝えられると、好印象を持ってもらえますよ。

Lesson 3　発音

1分で

日本語でも当たり前に使う単語であるmusicは、「ミュージック」ではなく「ミューズィック（クは軽く発音）」のような発音になります。

Lesson 4　置き換え　※以下は置き換えの例

3分で

Do you cook?
料理しますか？

Do you drive?
運転しますか？

Do you play video games?
テレビゲームをしますか？

Do you have any pets?
何かペットを飼っていますか？

Do you have any sisters or brothers?
きょうだいはいますか？

Do you like playing sports?

あなたはスポーツをするのが好きですか？

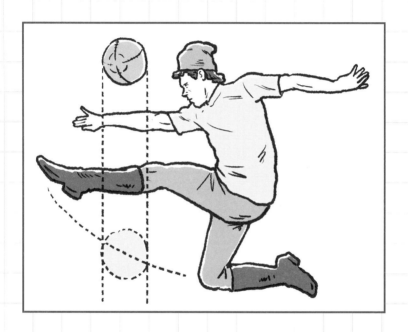

Lesson 1　構　文　　　　　　　　　　　　　　1分で

「Do you like -ing 〜?」の形にすると、「あなたは〜をするのが好きですか？」と尋ねることができます。likeの後ろには-ingの形もto＋動詞の原形も、どちらの形も繋げられます。この場合は-ingの形なので「〜するのは楽しい =enjoy（p.64）」の意味が含まれます。

Lesson 2　イメージ　　　　　　　　　　　　1分で

相手の好きなことや楽しみを尋ねるイメージで練習しましょう。play sportsは具体的な種目を定めず「スポーツをする」という意味です。返答の中で相手がより具体的にしゃべってくれるでしょう。自分が返答する時には、プラス1、2文の追加情報を忘れずに!

Lesson 3　　発音　　　　　　　　　　　　　1分で

playingのgは軽めに発音し、できればsportsの最初のsは息をたっぷり漏らすように発音してみましょう。Do you likeはよく使うフレーズなのでスムーズに。

Lesson 4　置き換え　　※以下は置き換えの例　　　　3分で

Do you like singing?
歌うのは好きですか?

Do you like traveling?
旅行をするのは好きですか?

Do you like snowboarding?
スノーボードをするのは好きですか?

Do you like watching movies?
映画を観るのは好きですか?

Do you like meeting new people?
新しい人たちと出会うのは好きですか?

Do you need some help?

あなたは助けがいりますか？

Lesson 1　構文　　　　　　　　　　　　　1分で

「Do you need ～？」の形で、「あなたは～が必要ですか？」と尋ねることができます。want（ほしい）という動詞と異なり、needは「客観的・状況的に必要だ（ないと困る）」という意味。相手の必要性や状況を確認したい時に有効な表現です。

Lesson 2　イメージ　　　　　　　　　　　　　　　　1分で

困っている人に声をかけるイメージで練習を。Do you need any help？でも同じ意味です。「疑問文にはanyを使う」と習ったことがある方は、この方が馴染みやすいでしょう。実はsome helpとは「**相手が明らかに助けを必要としている（＝答えがYesになる）**」時に使う表現です。

Lesson 3　発音　　　　　　　　　　　　　　　　　1分で

helpは「ヘルプ」と言おうとするのではなく、「ヘウプ」と言うぐらいがちょうどいいです。語尾のpはごく軽めに発音します。

Lesson 4　置き換え　※以下は置き換えの例　　　　　3分で

Do you need **a copy?**
コピーが必要ですか?

Do you need **anything?**
何か必要ですか?

Do you need **some rest?**
少し休憩が必要ですか?

Do you need **more time?**
もっと時間が必要ですか?

Do you need **my email address?**
私のメールアドレスは必要ですか?

Are you waiting in line?

あなたは列に並んでいますか?

Lesson 1　構文　　　1分で

「Are you -ing?」という現在進行形の疑問文では、「あなたは〜を
していますか?」と相手が今まさに行っていることを尋ねることができ
ます。その他、相手の (すでに準備万端な) 未来の予定をAre you
-ing? で尋ねることもできます。

Lesson 2 イメージ

1分で

お店の前などで行列になっている時、最後尾の人に声をかけ「並んでいるの?」と確認するようなイメージで練習しましょう。wait in line は列に並んで待つという意味の決まりフレーズです。stand in line も同じような意味になります。もっとシンプルにしたAre you in line? でも自然な言い方です。

Lesson 3 発音

1分で

waitingとlineを、特にしっかり伝えよう。waitingの語尾にあるgは後ろのin lineとナチュラルに繋がって「ウェイティングィンライン」のように発音しよう。

Lesson 4 置き換え ※以下は置き換えの例

3分で

Are you working now?
今働いていますか?

Are you watching TV?
テレビを見ていますか?

Are you following me?
理解できていますか?/ついてきていますか?

Are you listening to me?
私の話を聞いていますか?

Are you looking for something?
何か探していますか?

You have to get up early tomorrow.

あなたは明日、早起きしないといけません。

Lesson 1　構文　　　　　　　　　　　1分で

「You have to」という形は、「あなたは〜しなければならない」と伝える表現です。have to は客観的なニュアンスが含まれますから、高圧的にはなりません。一方、youを主語にmustを使ってしまうと、かなり命令的な意味合いになりますから気をつけましょう。

Lesson 2 イメージ   1分で

何かの理由で早起きしなくちゃいけない相手に対し、声をかけるイメージで練習しましょう。earlyの部分にat 5 amのような**具体的な時間**を入れてもいいですね。get upとwake upの違いはp.51をもう一度参照してください。

Lesson 3 発音   1分で

have toは「ハブトゥ」ではなく「ハフトゥ」または「ハフタ」です。get upは「ゲッタップ」や「ゲッダップ」（pは軽めに発音）のように繋げて発音すると英語っぽくなります。

Lesson 4 置き換え   ※以下は置き換えの例   3分で

You have to clean your room.
部屋の掃除をしないといけないですよ。

You have to finish that today.
今日それを終わらせないといけないですよ。

You have to show your ID card.
IDカードを見せないといけないですよ。

You don't have to decide now.
今決める必要はないですよ。

You don't have to speak in English.
英語で話す必要はありませんよ。

You can do it.

あなたはできます。

Lesson 1　構文

1分で

「You can＋動詞の原形」で「あなたは〜できる」の意味になります。ですが、場合によって2つの意味を持ちます。一つは、相手の能力や可能性を認め「できるよ」と声がけする意味。もう一つは、相手に許可を出す意味の「できますよ（していいです）」という意味です。

(Lesson 2　イメージ)　　　　　　　　　　　　　　　1分で

これは相手を励ます時の鉄板フレーズですね! 特に**do**の部分を強調して伝えましょう。ちなみに、**You**を強く発音してしまうと、「あなたが自分でやってよ」という突き放したニュアンスになります。話の流れで勘違いされることは少ないでしょうが気をつけましょう。

(Lesson 3　発音)　　　　　　　　　　　　　　　　1分で

肯定文の場合、**can**は軽く発音されることが多いです。その後ろの**do it**を最も強く発話してみましょう。**do it**は「ドゥイッ」という感じです。

(Lesson 4　置き換え)　※以下は置き換えの例　　　　　3分で

You can **park here.**
　　ここに駐車できますよ。

You can **use my pen.**
　　私のペンを使っていいですよ。

You can **get a discount.**
　　割り引いてもらえますよ。

You can **have a seat here.**
　　ここに座ってもいいですよ。

You can **take pictures here.**
　　ここで写真を撮ってもいいですよ。

Can you open the window?

窓を開けてくれませんか?

Lesson 1 構文

1分で

「Can you 動詞の原形〜? (あなたは〜できますか?)」は、場合によって2つの意味で使われます。一つは相手の能力や可能性を尋ね「できますか?」と声がけする意味。もう一つは、身近な相手にお願いする意味の「してくれませんか?」という意味です。

Lesson 2　イメージ
1分で

窓の近くにいる家族・友人などに、ちょっとお願いするイメージで練習しましょう。語尾にpleaseをつけると丁寧さが増します。同じく丁寧な印象になるのが、Could you…?（p.126）という言い方です。また返答する時には、「Sure.（もちろん。）」などが使えます。

Lesson 3　発音
1分で

Can youは、速く言われる時には「キャニュー」のようになることもあります。繋げてスムーズに言えるようにしよう。openは「オープン」ではなく「オウプン」、windowも「ウインドー」ではなく「ウインドウ」と言うつもりで。

Lesson 4　置き換え　※以下は置き換えの例
3分で

Can you send this email?
このメールを送ってもらえますか？

Can you give me a hand?
手を貸してもらえますか？

Can you turn on the light?
電気をつけてもらえますか？

Can you take my suitcase?
私のスーツケースを預かってもらえますか？

Can you hear me and see me?
聞こえますか？　見えますか？

Could you give me more information?

もうちょっと情報をもらえないでしょうか？

Lesson 1　構文

1分で

「Can you 〜 ?」を「Could you 〜 ?」にすると、「〜していただけませんか？」というさらに丁寧な依頼の意味になります。「Could you 〜 ?」は「〜できましたか？」と過去の意味にもなりますが、まずは依頼のフレーズを練習しましょう。

Lesson 2　イメージ

1分で

丁寧にお願いする気持ちを持って練習しましょう。お願いのハードルが高めな時にも、この表現が使えます。またgiveの後ろは「人＋物事」という語順になり、「〜（人）に〜（物事）を与える」という意味になります。ちょっとややこしい語順ですが、使い慣れると便利です。

Lesson 3　発音

1分で

Could youは「クッデュー」または「クッヂュー」と、繋がって音が変化します。give「ギヴ」のve「ヴ」の音を軽く言うことでgive meを繋げて言いやすくなりますよ。

Lesson 4　置き換え　※以下は置き換えの例

3分で

Could you **pass me the salt?**
塩を取っていただけますか？

Could you **tell me the reason?**
理由を教えていただけますか？

Could you **explain that again?**
もう一度それを説明していただけますか？

Could you **download the file?**
ファイルをダウンロードしていただけますか？

Could you **speak more slowly?**
もっとゆっくり話していただけますか？

You should take this medicine.

あなたはこの薬を飲んだほうがいいです。

Lesson 1　構文　　　　　　　　　　　　　　　　1分で

「You should+動詞の原形」で「あなたは〜した方がいい／すべきだ」
（義務）の意味になります。軽い促しである反面、正しさを訴えるニュ
アンスになるため、内容によっては上から目線の印象に。気になる時
には、文頭にMaybe（恐らく）をつけるとソフトな助言になります。

Lesson 2 イメージ　　　　　　　　　　　　　　1分で

調子が悪そうな人に対して薬を勧めるイメージで練習しましょう。ちなみに「すべき」という表現にはhad betterというものもありますが、「～すべき（さもないと）」という脅迫的な言い方になるので、特にビジネスシーンでは使わないように！ 薬を「飲む」にはtakeという動詞を使います。

Lesson 3 発音　　　　　　　　　　　　　　　　1分で

shouldのdは軽く発音。medicineは「メディシン」ではなく「メディスン」のような発音を心がけてみよう。

Lesson 4 置き換え　※以下は置き換えの例　　　　3分で

You should wear a mask.
マスクをしたほうがいいですよ。

You should stop smoking.
禁煙したほうがいいですよ。

You shouldn't arrive late.
遅れて到着しないほうがいいですよ。

You shouldn't work so hard.
働き過ぎないほうがいいですよ。

You shouldn't walk alone at night.
夜は一人で歩かないほうがいいですよ。

Would you like some coffee?

コーヒーはいかがですか?

Lesson 1 　構文　　　　　　　　　　　1分で

「Would you like+名詞」の形は、直訳すると「あなたは～がほしいですか?」となりますが、実際は「～はいかがですか?」と要望を尋ねる表現です。丁寧な表現ですが、仕事だけでなく家族や友人の間で使っても違和感のない汎用性の高いフレーズです。

Lesson 2 イメージ　1分で

飛行機などの接客で耳にすることが多いですが、自分が使うイメージを持って友人にコーヒーを飲むか尋ねるように練習してみましょう。some coffeeとあるように、**相手に何かをお勧めする時はanyではなくsome** をくっつけます。

Lesson 3 発 音　1分で

Would youは「ウッデュー」または「ウッヂュー」と繋がって音が変化します。またcoffeeは「コーヒー」ではなく「カーフィ」のように発音すると伝わりやすくなります。

Lesson 4 置き換え　※以下は置き換えの例　3分で

Would you like some fruit?
フルーツはいかがですか?

Would you like some water?
お水はいかがですか?

Would you like some snacks?
おやつはいかがですか?

Would you like some sweets with your tea?
紅茶と一緒に甘いものはいかがですか?

Would you like some cheese with your wine?
ワインと一緒にチーズはいかがですか?

Would you like to go to the movies?

映画を見に行きませんか？

Lesson 1　構文　　　　　　　　　　　　　　1分で

「Would you like to+動詞の原形〜？」の形は、直訳すると「あなたは〜をしたいですか？」となりますが、実際は「〜しませんか？」と相手を勧誘する表現です。丁寧な表現ですが、仕事だけでなく友人の間で使っても違和感のない汎用性の高いフレーズです。

Lesson 2 イメージ 〔1分で〕

お誘いの表現の鉄板です。友人や家族を映画に誘うイメージで練習しましょう。go to the moviesは「映画を見に行く」という決まりフレーズです。色々な映画（movies）が上映している映画館に行くというイメージで覚えましょう。

Lesson 3 発音 〔1分で〕

Would you likeは「ウッヂューライク（最後のクは軽めに発音）」と繋がって音が変化します。toという単語が2つありますが、いずれも軽く発音していこう。

Lesson 4 置き換え ※以下は置き換えの例 〔3分で〕

Would you like to try this?
これを試食してみませんか？

Would you like to go shopping?
ショッピングに行きませんか？

Would you like to come with us?
一緒に来ませんか？

Would you like to join the seminar?
セミナーに参加しませんか？

Would you like to have a drink together?
一緒に一杯飲みに行きませんか？

Did you sleep well?

あなたはよく寝ましたか？

Lesson 1　構文　　　　　　　　　　　　　1分で

「Did you＋動詞の原形〜？」の形で「あなたは〜をしましたか？」と
尋ねることができます。**直前のことから随分昔のことまで、幅広い時
間帯について使用可能。**疑問文では過去を示すDidが使われること
で、動詞は**過去形のslept**ではなく**原形のsleep**となります。

Lesson 2 イメージ

1分で

家族・友人や同僚などと、**朝一番で会った時に使われるフレーズ**です。ホテルなどでこのように声をかけられることもあります。朝イチにいい関係性を築くイメージで練習してみましょう！ ちなみに答える時はYes, I slept well.（よく眠れました）などと答えればOKです。

Lesson 3 発音

1分で

Did youは「ディデュー」または「ディヂュー」と発音します。またwellは「ウェウ」ぐらいのニュアンスで発音すると言いやすくなります。

Lesson 4 置き換え　※以下は置き換えの例

3分で

Did you have lunch?
ランチを食べましたか?

Did you like it?
気に入りましたか?

Did you lose weight?
痩せましたか?

Did you get a haircut?
髪を切りましたか?

Did you order something online?
ネットで何か注文しましたか?

例文
048
🎧 48, 148　**[You enjoyの過去形] の疑問文**

Did you enjoy the movie?

あなたは映画を楽しみましたか?

Lesson 1　構文　　　　　　　　　　　　　1分で

「**Did you enjoy…?**」の形で「〜は楽しかったですか?」と、相手が
したことの感想を尋ねることができます。**enjoy -ing**の形 (p.64) にし
て使うことで、さらに幅が広がります。文末に yesterday (昨日) ／
last week (先週) など時を表す表現を加え、より具体的に尋ねること
もできます。

Lesson 2　イメージ

例えば週明けに「How was your weekend？（週末はいかがでしたか?）」（p.200のHow was ～?）と尋ね、そこからさらに「映画楽しかった?」と聞く感じです。自分が返答する時には、「Yes, I really enjoyed it.（はい、本当に楽しかったです。）」などと答えてみましょう。

Lesson 3　発音

Did youは「ディデュー」または「ディヂュー」という感じで発音し、enjoyは「エンジョイ」ではなく「インジョイ」に近い発音をすると英語らしくなります。

Lesson 4　置き換え　※以下は置き換えの例

Did you enjoy the picnic?
ピクニックは楽しかったですか?

Did you enjoy the meal?
食事は楽しめましたか?

Did you enjoy the party?
パーティは楽しかったですか?

Did you enjoy your trip to Okinawa?
沖縄旅行は楽しかったですか?

Did you enjoy the concert last night?
昨晩のコンサートは楽しかったですか?

Are you going to buy a new smartphone?

あなたは新しいスマホを買う予定ですか?

Lesson 1 　構文

1分で

「Are you going to＋動詞の原形」の形では、「あなたは～する予定ですか」と相手の未来の予定について質問できます。同じ未来表現にWill you ～?もありますが、実は文脈に応じ「未来への願望」を表したり「お願い表現」になったりと複雑です。まずはAre you going toを覚えよう!

(Lesson 2　イメージ)　　　　　　　　　　　　　　　1分で

相手にスマホの買い替え計画を尋ねるイメージで練習しましょう。英文が少し長いですが、**前後で区切って練習すると言いやすいです。**まずは前半のAre you going to buyまでを言えるようにして、それから後半部分をくっつけてみましょう。自分が返答する場合には、Yes, I am./No, I'm not. または「I am thinking about it.（考え中です。）」などと答えることができます。

(Lesson 3　発音)　　　　　　　　　　　　　　　　1分で

長めの英文ですが、その中でも**buy、new smartphoneあたりをしっかり発音する**と、相手に意味が伝わりやすくなります。**going to**の部分は、実際の日常会話では**gonna（ゴナ／ガナ）と発音する**ことが多いです。

(Lesson 4　置き換え)　　※以下は置き換えの例　　　　3分で

Are you going to **come with us?**
一緒に来るつもりですか？

Are you going to **see your friend?**
友人に会う予定ですか？

Are you going to **attend the meeting?**
会議に出席する予定ですか？

Are you going to **go out this weekend?**
今週末、出かける予定ですか？

Are you going to **work from home tomorrow?**
明日は在宅勤務ですか？

It's very interesting.

それはとても興味深いです。

Lesson 1　構文

1分で

「It's＋形容詞」の形で「それは〜です」と、物事に対する性質や自分が感じる印象を伝えることができます。ここでのitは、それまでに会話に出てきた何かしらの物事を言い換えています。It'sはIt is の短縮形です。

Lesson 2 イメージ

interestingは、知的好奇心から「興味深いなぁ」と思うことに対して使います。言葉に想いがこもらず心ここに在らずで言うと、「まぁいい感じだね（でも微妙）」と皮肉に伝わることもあります。気をつけましょう！

Lesson 3 発音

It'sは軽めに発音。very interestingを強調しましょう。interestingは長めの単語ですが、「インタレスティング」と全てを平等に発音しようとせず、最初の「in（イン）」を強めに。その後のterestingはキュッとまとめるように発音すると、英語っぽいメリハリが出ます。

Lesson 4 置き換え

※以下は置き換えの例

It's so big.
すごく大きいです。

It's so funny.
すごくおもしろいです。

It's free.
それは無料です。

It's dangerous.
それは危険です。

It's very light and soft.
とても軽くて柔らかいです。

It's sunny.

晴れています。

Lesson 1　構文

1分で

「It's ＋（形容詞 / 名詞）」の形で、天気や曜日、時間について伝えることができます。この際に主語として用いられるのがitです。この場合は、itに「それ」と言う意味はありません。

Lesson 2 イメージ

天気を尋ねられた時に答えるイメージで練習しましょう。曇りはcloudy
を使います。雨の時はrainy（雨模様）ともraining（まさに今雨が降っ
ている）とも言いますが、まずは厳密に使い分けなくても大丈夫！

Lesson 3 発音

It'sは軽めに発音。sunnyは「サニー」と日本語っぽく平らな言い方
ではなく、単語の頭「サ」の部分を強調しよう。

Lesson 4 置き換え ※以下は置き換えの例

It's dark outside.
外は暗いです。

It's nice and warm.
気持ちがよく、暖かいです。

It's rainy and cold.
雨模様で寒いです。

It's not hot today.
今日は暑くないです。

It will be cloudy tomorrow.
明日は曇りです。

Is it crowded?

そこは混んでいますか？

Lesson 1　構文　　　　　　　　　　　　1分で

疑問文「Is it＋形容詞？」で、「それは〜ですか？」と物事に対する性質や状態を尋ねることができます。itは、それまでに会話に出てきた何かしらの物事を言い換えています。

Lesson 2　イメージ

1分で

お店などの混雑状況を尋ねるイメージで練習しましょう。返答の際「いや、空いている」と答えたい時は、No, it isn't crowded.と言えばOK。混んでいることは、別の表現で「There are many people.（人がたくさんいます。）」などと言うこともできます。

Lesson 3　発音

1分で

Is itは「イズイッ（tを軽めに発音）」のように繋がる感じで発音してみましょう。crowdedはしっかり相手に伝わるように強調しつつ、最後のdは軽やかに発音します。

Lesson 4　置き換え　※以下は置き換えの例

3分で

Is it **heavy?**
重いですか?

Is it **wrong?**
間違っていますか?

Is it **correct?**
合っていますか?

Is it **possible?**
可能ですか?

Is it **expensive?**
値段が高いですか?

It's a lot of fun to go abroad.

海外に行くのはとても楽しいです。

Lesson 1　構 文　1分で

「It's A to+動詞の原形」の形で、「(to以下)することはAだ」という意味になります。**It は仮の主語の役割をし、実際はto以下の内容**を指しています。この形を使うと、最初に一番言いたいこと(英文ではa lot of funの部分)を伝え、後から説明を加える話し方ができます。

Lesson 2　イメージ

〔1分で〕

「とっても楽しいんだ」という気持ちを込めて練習してみましょう。fun は「楽しみ」という意味です。同じような意味でニュアンスが異なる単語に、funny（冗談やコメディ的な面白い）、interesting（興味深い（p.140））などがあります。

Lesson 3　発音

〔1分で〕

It's aは「イッツァ」のように繋げると英語らしいです。a lot ofも「アロートーブ（fは軽く発音）」のように繋げると英語らしくなります。

Lesson 4　置き換え　※以下は置き換えの例

〔3分で〕

It's **boring** to stay at home.
家にいるのはつまらないです。

It's **necessary** to save power.
節電することが必要です。

It's **exciting** to start a new thing.
新しいことを始めるのはワクワクします。

It's **challenging** to climb Mt. Everest.
エベレストに登るのはなかなか難しいです。

It's **important** to understand each other.
共に理解し合うことは大切です。

例文 **054** 🎧 54, 154　**It＋be動詞に準ずる動詞＋形容詞**

It looks delicious.

それは美味しそうです。

Lesson 1　構文　　　　　　　　　　　　1分で

「It looks＋形容詞」の形で「それは〜のように見えます」と、「見た目の印象」から感じる物事の状態を伝えることができます。I や you が主語の時と違い、It などの三人称（I と you 以外）単数形が主語の場合、lookにsをつけlooksとして使います。

Lesson 2　イメージ

1分で

料理を目の前にし、見た目の感想を言うイメージで練習しましょう。deliciousは「飛び抜けて美味しい」という意味があります。他にも「美味しい」には、goodやnice、greatが日常的に使われます。また「美味しそうな香りがします」という時には、It smells delicious.と言えます。

Lesson 3　発　音

1分で

It looksは「イッルックス（sは軽く発音）」のようにitのtが消えてlooksと繋がるような音になります。最後のdeliciousは一番しっかり伝えましょう。

Lesson 4　置き換え ※以下は置き換えの例

3分で

It looks fine.
大丈夫そうです。

It looks fresh.
新鮮そうです。

It smells good.
いい匂いがします。

It tastes a little spicy.
少し辛いです。

It looks easy, but it's not.
簡単そうに見えるけど、そうでもないんです。

This is my daughter.

こちらはわたしの娘です。

Lesson 1　構文

1分で

「This is ＋ my 名詞」の形で「これ／こちらは私の〜です」と、近くにある物に対して「自分のものです」と伝えられます。単に「This is…」で、近くにある人や物を誰かに紹介できます。

Lesson 2 イメージ

隣にいる家族の人間を、周りの人たちに紹介するイメージで練習しましょう。紹介したい人が離れた場所にいる際にはthat(あちら)を使います。また電話では、自分を名乗る時に、This is 名前 speaking.と言うのがお決まりフレーズです。

Lesson 3 発音

This isは「ディスィズ」とうまく繋がるように発音を。Thは厳密には「舌を歯に摩擦させる」難しい音ですが、できる範囲で大丈夫! それよりも、my daughterをしっかり伝えよう。見た目に読みにくい単語daughterは「ドーター」という発音です。

Lesson 4 置き換え ※以下は置き換えの例

This is mine.
これは私のものです。

This is my bag.
これは私のバッグです。

This is my friend.
こちらは私の友人です。

This is my favorite song.
これはお気に入りの曲です。

This is my first time in Spain.
今回が初めてのスペインです。

Is this your laptop?

これはあなたのノートパソコンですか?

Lesson 1　構文

1分で

疑問文「Is this ～?」の形で「これ/こちらは～ですか?」と、自分に近い位置にある物や人に対して、何なのか? 誰のものなのか? などを尋ねることができます。

Lesson 2 イメージ　　　　　　　　　　　1分で

目の前にあるノートパソコンの持ち主を確認するようなイメージで練習しましょう。答える時には、「Yes, it is.（はい）」／「No, it isn't.（いいえ）」となります。「今現在の状況」もthisで表すことができます。「Is this your first stay?（今回はあなたの初めての滞在ですか?）」などがその一例。

Lesson 3 発音　　　　　　　　　　　　1分で

laptopは日本語っぽく発音すると「ラップトップ（平らな読み方）」になりますが、英語ですとlaとtoにアクセントを乗せて、逆に2つあるpの音は軽めに発音します。

Lesson 4 置き換え　※以下は置き換えの例　　3分で

Is this **your coat?**
これはあなたのコートですか?

Is this **your desk?**
これはあなたの机ですか?

Is this **your wallet?**
これはあなたの財布ですか?

Is this **your water bottle?**
これはあなたの水筒ですか?

Is this **your first time?**
今回が初めてですか?

That's great.

素晴らしいです。

Lesson 1　構文

1分で

「That's 形容詞」の形で「〜ですね」と、物事に対して自分が感じる印象を伝えることができます。Itと違いThatを使う時は、それまでに会話に出てきた内容全体に対して感想を述べていることになります。なお、Lesson 4の1つ目のThat's all.（allは名詞ですが）は「以上です。」を意味する決まり表現。覚えておくと便利です。

Lesson 2 イメージ

1分で

相手の話や出来事などに対して「すごいね!」と反応するイメージで練習しましょう。Great. と一語でも使えますがThat's great. のほうが多少丁寧です。greatは「すごく大きい/偉大な」という意味もあり大げさな単語に感じるかもしれませんが、日常的に使われています。

Lesson 3 発音

1分で

It's が軽く発音されるのと異なり、That's great.のThat'sはある程度しっかり発音され、さらに後ろのgreatもしっかり伝えます。greatは「グレイッ(tは軽く発音)」というニュアンスで言ってみましょう。

Lesson 4 置き換え ※以下は置き換えの例

3分で

That's all.
それで全部です/以上です。

That's terrible.
ひどいです。

That's enough.
十分です。

That's strange.
変ですね。

That's wonderful.
素晴らしいです。

That sounds nice.

良さそうですね。

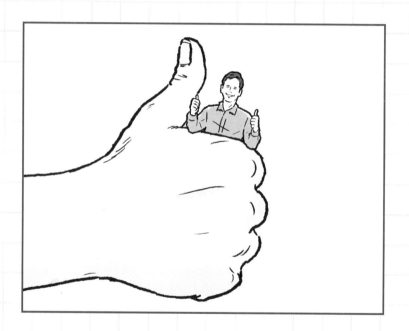

Lesson 1   構 文   1分で

「That sounds＋形容詞」の形は「〜のように聞こえるね」と直訳できます。相手から聞いた話の内容全体に対して感想を述べているイメージです。That's 〜と明確な使い分けをしなくても困ることはありませんが、That soundsよりThat'sのほうがやや断定的な印象になります。

Lesson 2 イメージ 　　　　　　　　1分で

相手から話された提案や計画に対して、ポジティブな反応を示すイメージで練習しましょう。これが It sounds nice. となる場合は、**具体的な物事**（例：誰かの歌声）に対して「ステキだ！」と言っていることになります。Sounds nice. にすると**よりカジュアルな印象**になります。

Lesson 3 発音 　　　　　　　　1分で

Thatの語尾のtは軽めに発音し、その後ろにくるsoundsとうまく繋がるようなニュアンスにします。niceはしっかりと発音。niceは「ナァイス（スは軽い息遣いで発音するように）」と単語の最初を強調します。

Lesson 4 置き換え　※以下は置き換えの例 　　　　3分で

That sounds fun.
　楽しそうです。

That sounds great.
　とても良さそうです。

That sounds tough.
　大変そうです。

That sounds useful.
　役立ちそうです。

That sounds difficult.
　難しそうです。

There is a new restaurant over there.

向こうのほうに新しいレストランがあります。

Lesson 1　構文　　　　　　　　　　　　1分で

「There is + 名詞」の形で「〜があります／います」という意味に。この形の時にthereは「そこに」という意味を持ちません。「存在」を表す決まりフレーズと覚えましょう。「There is + 名詞」の名詞の部分が単数形なので動詞はisを使っています。短縮形はThere'sです。

Lesson 2　イメージ

相手に新店舗の情報を教えてあげるイメージで練習しましょう。
There is ～の形は、特に相手が知らない情報に関して「～があるよ」
と伝えたい時にこの形を取ります。相手が新店舗のことを知ってい
る場合は、The new restaurant is over there.となります。

Lesson 3　発音

There is aは「ゼァイズァ」のような繋がり方になります。滑らかに言
えるようにしよう。また、restaurantは「レストラント」と言わずに、語
尾のtをほぼ消えるくらい軽く発音するようにしよう。

Lesson 4　置き換え　※以下は置き換えの例

There is a famous temple there.
そこに有名なお寺があります。

There is a beautiful garden over there.
向こうに美しい庭園があります。

There is a cat under the car.
車の下に猫がいます。

There is a bookstore at the corner.
角に本屋さんがあります。

There is a message for you.
あなたへメッセージがあります。

There are five people in my family.

私は5人家族です。

Lesson 1 　構 文

1分で

「There are＋名詞」の形で「〜があります／います」という意味になります。「There are＋名詞」の名詞の部分が複数形なので動詞はareを使っています。**peopleは語尾にsがつかなくても元々「人々」（複数形）の意味を持ちます。**短縮形はThere'reです。

Lesson 2　イメージ　1分で

「何人家族ですか?」(p.204)という質問の答えになる表現です。「5人家族です」と言った後に、具体的な家族構成(例:my wife, three children, and me)を付け加えると、より伝わります。person(人)という単語もありますが、口語で2人以上を表す時はpeopleを使うのが一般的です。

Lesson 3　発 音　1分で

There areは「ゼアァァ」のようなつながり方になります。滑らかに言えるようにしましょう。peopleは「ピープル」ではなく「ピーポー」のような発音なので気をつけよう。

Lesson 4　置き換え　※以下は置き換えの例　3分で

There are a few people in line.
列に数人います。

There are some nice cafes in Ebisu.
恵比寿にはいくつか素敵なカフェがあります。

There are some books on the desk.
机の上に何冊か本があります。

There are four members in the meeting room.
会議室には4人のメンバーがいます。

There are many food stands at Japanese festivals.
日本のお祭りではたくさんの屋台が出ます。

Is there a restroom near here?

この近くにお手洗いはありますか？

Lesson 1　構文

1分で

「Is there＋名詞？」と疑問形にすると、「〜がありますか／いますか？」という何かの存在を尋ねることができます。この場合、話し手は「最寄りのお手洗いの情報が**ひとつわかればいい**」という前提を持っているため、**単数形の文**になっています。

Lesson 2　イメージ

1分で

滞在先で出会った地元の人やお店のスタッフに尋ねるようなイメージで練習しましょう。呼び止める時には「Excuse me.（すみません。）」と声をかけると、よりスムーズです。restroomは公共のトイレ、bathroomは自宅の洗面所を表すことが多いです。near hereはこの近くにという意味で、周辺エリアの情報を尋ねる時などにお役立ちの表現です。

Lesson 3　発音

1分で

Is thereは「イズゼアー」となりますが、「ズ」の音が目立ってしまわないようスムーズに繋げましょう。

Lesson 4　置き換え　※以下は置き換えの例

3分で

Is there **a bus stop near here?**
この近くにバス停はありますか？

Is there **a gas station near here?**
この近くにガソリンスタンドはありますか？

Is there **a parking lot around here?**
この辺りに駐車場はありますか？

Is there **a convenience store around here?**
この辺りにコンビニはありますか？

Is there **a doctor?**
お医者様はいますか？

例文
062 🦻 62, 162　[There are + 名詞] の疑問文

Are there **any good cafes near here?**

この近くにいいカフェはありますか？

Lesson 1　構文　　　　　　　　　　　　　　1分で

「Are there＋名詞？」と疑問形にすると、「～はありますか／います
か？」という何かの存在を尋ねることができます。この場合、話し手
は「カフェは1つではなく、**いくつかあるだろうか？**」という前提を持っ
ているため、**複数形**の文になっています。

Lesson 2　イメージ

周辺エリアでステキなお店を探している気持ちで練習しましょう。any は疑問文の中では「何か」という意味で使われ、単数／複数両方と一緒に使える単語です。Is there any 〜? Are there any 〜? の形でよく使うと覚えてしまいましょう。

Lesson 3　発音

goodの発音は「グゥッ」という感じで、dは軽く発音。cafeは「キャフェィ」という発音で後ろ側にアクセントがきます。日本語の「カフェ」の発音と違うので注意しましょう。

Lesson 4　置き換え　※以下は置き換えの例

Are there any tourist spots around here?
この辺りに観光名所はありますか?

Are there any good channels on YouTube?
YouTubeで良さそうな番組はありますか?

Are there any mistakes?
何か間違いはありますか?

Are there any questions?
何か質問はありますか?

Are there any rules in this area?
この地域に何かルールはありますか?

What's your plan for this weekend?

今週末のあなたの予定は何ですか?

Lesson 1　**構文**　　　　　　　　　　　　1分で

疑問詞のwhatを使った「**What is＋主語?**」の形で、「(主語)は何ですか?」と問いかけることができます。このようなwhatをはじめとする疑問詞の疑問文は、通常「疑問詞を文の先頭に置く」「その後ろに疑問文をくっつける」という形になります。what isの短縮形がwhat'sです。

Lesson 2　イメージ　　　　　　　　　　　　　　　1分で

実はこの英文、What are your plans…とも言います。週末の予定
は複数ある場合が多いからです。ですが、**言いやすさ重視で単数
形を載せました。**まずはサラッと悩むことなく口から出るようにしましょう。
週末に差し掛かった時など、このように質問することで話が膨らみます。

Lesson 3　発音　　　　　　　　　　　　　　　1分で

What's yourは「ワッツュァ」と繋がるように発音します。これ以降の
ページに出てくる**疑問詞**（what/when/where/who/why/which/
how）**から始まる疑問文は、文末は下げ調子で読みましょう。**

Lesson 4　置き換え　※以下は置き換えの例　　　　　3分で

What's **your plan for tonight?**
今夜の予定は何ですか?

What's **that new building?**
あの新しい建物は何ですか?

What's **your favorite food?**
好きな食べ物は何ですか?

What's **your opinion on this?**
これについてご意見は何ですか?

What's **your goal for this year?**
今年の目標は何ですか?

What do you do?

ご職業は何ですか?

(Lesson 1)　構文

1分で

「What do you＋動詞〜?」の形で、「あなたは何を〜しますか?」と尋ねることができます。日常で習慣的に、あるいは繰り返し行うことに対して尋ねる時に使います。動詞に合わせた幅広い問いかけができます。

Lesson 2 イメージ　　　　　　　　　　　1分で

自己紹介などで、相手の職業を尋ねるのに使うフレーズです。**直訳の「あなたは何をする?」で覚えてもピンときませんから、職業を聞く表現だと覚えておきましょう。**文末にfor a livingをくっつけて言うことも多いです。返答する時は、例えばI am 職業.(p.42) の英文を応用すれば簡単に伝えることができます。

Lesson 3 発音　　　　　　　　　　　　1分で

Whatは t を強く発音しすぎないように気をつけつつ、その後ろと繋げていきます。「ワッドゥーユードゥー?」と一息で言えるようにしよう。

Lesson 4 置き換え　※以下は置き換えの例　　3分で

What do you do in your free time?
暇な時には何をしますか?

What do you mean?
どういう意味ですか?

What do you recommend?
おすすめは何ですか?

What do you want for your birthday?
誕生日には何がほしいですか?

What do you remember from your school days?
学生時代にどんな思い出がありますか?

What are you doing now?

今何をしているんですか?

Lesson 1　構文　　　　　　　　　　　1分で

「What are you -ing 〜?」で「あなたは何を〜していますか?」と、今まさに取り組んでいる真っ最中のことを尋ねます。近い未来の予定を尋ねることもでき、その場合はWhat are you doing **tonight**?(今夜何する予定ですか?) などと**時制がわかる表現**を加えます。

Lesson 2 イメージ

1分で

電話での会話や、同僚などに対して声をかけるイメージで練習しましょう。一方で、久々の友人に会った時などに「今何しているの?」(仕事・住まいなど)と、近況を尋ねる時にも使えます。

Lesson 3 発音

1分で

「ワラュードューインナウ」のように、一息でスムーズに言えるようにします。Whatの「ワ」という音とdoingの「ドゥ」の音を特にしっかり発音すると、英語らしいリズムになります。

Lesson 4 置き換え ※以下は置き換えの例

3分で

What are you reading?
何を読んでいますか?

What are you looking for?
何を探していますか?

What are you laughing at?
何を笑っているんですか?

What are you waiting for?
何を待っていますか?

What are you thinking about now?
今何を考えていますか?

What did you do last weekend?

先週末何をしましたか？

Lesson 1　**構文**　　　　　1分で

「What did you＋動詞〜?」の形で、「あなたは何を〜しましたか？」と尋ねることができます。**直近の過去から遠い昔まで、様々な過去のことをあれこれ尋ねることができ、動詞に合わせた幅広い問いかけ**ができます。

Lesson 2 | イメージ   1分で

週末に何をしたか? という問いかけは、英語では頻繁におこなわれ
るコミュニケーションです。このフレーズやHow was your weekend?
(p.201) を使います。週明けの職場や英語のレッスンで、ぜひ使っ
てみましょう。週明けすぐに「先週末」と言う時にはthis weekendと
いうこともあります。

Lesson 3 | 発 音   1分で

Whatのtを軽めに発音しつつ、did youは「ディヂュー」と発音し、「ワッ
ディヂュードゥー」のようにつながる感じで、一息で言えるようにしよう。

Lesson 4 | 置き換え   ※以下は置き換えの例   3分で

What did you say?
何て言ったんですか?

What did you order?
何を注文しましたか?

What did you do today?
今日何をしましたか?

What did you study at university?
大学では何を勉強しましたか?

What did you learn from this book?
この本から何を学びましたか?

What are you going to do?

何をする予定ですか?

Lesson 1 構文 1分で

「What are you going to 〜?」で「あなたは何を〜する予定ですか?」と、相手の未来の予定や計画について質問できます。What will you 〜? も同じような意味ですが、未来に「何をしたい?」と思いつきや願望を尋ねているニュアンスになります。

Lesson 2　イメージ

1分で

相手に、この先の予定などを尋ねるイメージで練習しましょう。この英文の文末にafter work（仕事後）/from now（今から）などをつけると、尋ねる幅が広がります。返答する時は、p.96で学んだI'm going to ～ の形を使ってみましょう。

Lesson 3　発音

1分で

一息でスムーズに言えるようにしましょう。what areを「ワラ」と言い、「ワラューゴーイントゥドゥ」のように、goingの語尾のgを軽めに発音しつつ、全体が滑らかに繋がると英語らしくなります。よりカジュアルには、going toをgonna（ゴナ／ガナ）と発音します。

Lesson 4　置き換え ※以下は置き換えの例

3分で

What are **you** going to **do for Christmas?**
クリスマスは何をする予定ですか？

What are **you** going to **buy there?**
そこで何を買う予定ですか？

What are **you** going to **wear this evening?**
今夜は何を着る予定ですか？

What are **you** going to **talk about today?**
今日は何について話しますか？

What are **you** going to **write on your blog?**
ブログに何を書く予定ですか？

What kind of food do you like?

どんな種類の食べ物が好きですか?

Lesson 1 構文 ‖ 1分で

kindは「種類」という意味です。そこで「**What kind of 名詞 do you＋動詞?**」の形を作ると、「**あなたはどんな種類の(名詞)を(動詞)しますか?**」と、相手の情報を種類やジャンルという切り口で尋ねることができます。

Lesson 2 イメージ　　　　　　　　　　　　　1分で

相手の好みを詳しく聞くことをイメージして練習しましょう。似たような表現と比べると、What kind of 〜?の場合は答えが「日本料理!」などジャンルになるのが特徴です。一方でWhat food 〜? の場合は、答えが「寿司!」などとより具体的になります。

Lesson 3 発 音　　　　　　　　　　　　　　1分で

What kind ofは、**What**の**t**を軽めに発音するようにし「**ホワッカインドヴ(ヴは軽めに発音)**」と繋げると英語らしい発音になります。

Lesson 4 置き換え　　※以下は置き換えの例　　3分で

What kind of **music do you like?**
どんな種類の音楽が好きですか?

What kind of **person do you like?**
どんなタイプの人が好きですか?

What kind of **dog do you have?**
どんな種類の犬を飼っていますか?

What kind of **beers do you have?**
どんな種類のビールがありますか?

What kind of **job are you interested in?**
どんな種類の仕事に興味がありますか?

What would you like to drink?

何をお飲みになりたいですか?

Lesson 1 　構 文　　　　　　　　　　　　　1分で

whatとwould you like to ～を組み合わせた形で、「何を～したいですか?」と相手の希望を尋ねることができます。丁寧な言い方ですが、お客様などへだけでなく、家族や友人にも使える汎用性の高いフレーズです。

Lesson 2　イメージ　　　　　　　　　　　　1分で

相手に飲み物の好みを尋ねるような気持ちで練習を。よりカジュアルな言い方はWhat do you want ～? になります。また返答する時には、I'd like（飲み物）.（p.80）や、（飲み物）, please.などと答えることができます。

Lesson 3　発音　　　　　　　　　　　　　1分で

「What would you like」は「ワッウッヂューライク」のように一息で繋げて言えるように練習しましょう。

Lesson 4　置き換え　※以下は置き換えの例　　　3分で

What would you like to **do today?**
今日何をしたいですか?

What would you like to **read next?**
次は何を読みたいですか?

What would you like to **do in Singapore?**
シンガポールでは何をしたいですか?

What would you like to **try in the future?**
将来何をやってみたいですか?

What would you like to **have for dinner tonight?**
今夜夕食で何を食べたいですか?

What do you think of my new hairstyle?

私の新しい髪型をどう思いますか?

Lesson 1　構文　　　　　　　　　　　　　　　1分で

whatとdo you think of 〜?の形を組み合わせた形で、「【直訳】〜について何を考えますか?→【意訳】〜をどう思いますか?」と、誰かに意見を尋ねることができます。「どう」という日本語訳に引っ張られて、How do you thinkとしないように気をつけましょう。

(Lesson 2　**イメージ**)　　　　　　　　　　　　　　　1分で

美容院に行った後、自分の髪型へ友人から意見をもらうつもりで練習しましょう。hairstyleの部分はhaircutとも言えます。What do you think about〜？もよく使われます。think of〜は「〜だけのことを思う」という意味に、think about 〜は「〜について関連することも含めて思う」という意味になります。

(Lesson 3　　**発　音**)　　　　　　　　　　　　　　　1分で

よく使うフレーズであるWhat do you think ofは一息でスムーズに言えるようにしたいです。「ワッドゥーユーシンクォヴ（ヴは軽めに発音）」のように単語の間を繋げて発音します。

(Lesson 4　**置き換え**)　※以下は置き換えの例　　　　　　3分で

What do you think of my plan?
私の計画をどう思いますか？

What do you think of my English?
私の英語をどう思いますか？

What do you think of my new bag?
私の新しいバッグをどう思いますか？

What do you think of my boyfriend?
私の彼氏をどう思いますか？

What do you think of my personality?
私の性格をどう思いますか？

When is your birthday?

誕生日はいつですか?

Lesson 1　構文

1分で

疑問詞 when (いつ) を使った「When is 主語?」の形で、「(主語)
はいつですか?」と、出来事の時期を聞くことができます。「いつ」と
いう幅のある聞き方ですので、曜日・月・年あるいは具体的な時間な
ど幅広く尋ねることができます。

Lesson 2　イメージ

1分で

誕生日を聞くシーンは友人との会話で出てきますよね！ 答える時は、天気や日時などを表すit（p.142）を使って、「It's February 15th.（2月15日です。）」などと言うことができます。**日にちには序数詞（普通の数字ではなく順序を表す単語）を使う点**も押さえておきましょう。

Lesson 3　発音

1分で

When isは一息で繋げて、「**ウェンニズ**」のように発音すると英語っぽくなります。**語尾は下げ調子にすること**を忘れないようにしましょう。

Lesson 4　置き換え　※以下は置き換えの例

3分で

When is **that?**
それはいつですか？

When is **the deadline?**
締め切りはいつですか？

When is **your anniversary?**
あなたの記念日はいつですか？

When is **the next meeting?**
次のミーティングはいつですか？

When is **the first day of the event?**
そのイベントの1日目はいつですか？

When do you do yoga?

いつヨガをするんですか?

Lesson 1　構文　　　　　　　　　　　　　　1分で

「When do you+動詞〜?」の形で「あなたはいつ〜しますか?」と、何かをする時期を尋ねることができます。現在形ですから、日々の習慣や行動に関する時間の情報を尋ねることができます。またWhenをWhat timeに入れ替えると、ピンポイントの時間を尋ねることができます。

Lesson 2　イメージ
<small>1分で</small>

趣味に対して「いつやっているの?」と、より話を膨らませる時に問いかけるイメージで練習を! 運動する時の動詞といえば**play**ですが、これはボールや道具を使う**競技の動詞**。yogaのような**エクササイズ系**や**格闘技**は**do**を使います。

Lesson 3　発音
<small>1分で</small>

yogaをはじめ日本語にも共通する単語はたくさんあります。ただ、**英語の場合は日本語と違い、必ずどこかにアクセントが入ります。**yogaの場合は、頭の**yo**にアクセントを置き「ヨゥガァ」のように発音してみましょう。

Lesson 4　置き換え　<small>※以下は置き換えの例</small>
<small>3分で</small>

When do **you** use **this**?
これをいつ使うんですか?

What time do **you** close?
何時に閉めますか?

What time do **you** get up?
何時に起きますか?

When do **you** go to your parents' house?
両親の家にはいつ行くんですか?

When do **you** usually start work?
普段はいつ仕事を始めるんですか?

Where are you from?

どこのご出身ですか？

Lesson 1 構文

1分で

疑問詞 where（どこ）を使い「**Where is 主語?**」の形で、「**（主語）は
どこですか?**」と場所を尋ねることができます。上記の英文はWhere
are youにプラスして文末にfromがつくという少し特殊な形ですが、
置き換えトレーニングではWhere is 〜で練習しましょう。

Lesson 2　イメージ　　　　　　　　　　　　1分で

出身地を尋ねる決まりフレーズがこれ。初めて会った相手との会話で使うイメージで練習を。答える時には「I'm from Japan.（日本です。）」など国名を答えますが、日本国内でこの質問をされた時にはI'm from Sendai.などと、都市名や県名を答えればOK！

Lesson 3　発音　　　　　　　　　　　　　1分で

よく使うフレーズですので、一息で滑らかに発音したいです。fromは馴染みがある反面、実は発音が難しめ。**fとrを同時に言うイメージで発音**すると「フロム」という日本語っぽい響きが軽減します。

Lesson 4　置き換え　※以下は置き換えの例　　　3分で

Where is **my coat?**
私のコートはどこですか？

Where is **the restroom?**
お手洗いはどこですか？

Where is **the ticket gate?**
改札はどこですか？

Where is **your husband from?**
あなたのご主人の出身はどこですか？

Where is **the entrance of the shopping mall?**
ショッピングモールの入り口はどこですか？

Where do you live?

どこに住んでいますか？

Lesson 1　構文

1分で

「Where do you＋動詞〜？」の形は「あなたはどこで〜しますか？」と、
何かをする場所を尋ねる表現です。現在形ですから、日々の習慣や
行動に関する場所を尋ねることができます。

(Lesson 2 イメージ) 　　　　　　　　　　　　　1分で

住んでいる場所を尋ねるイメージで練習しましょう。返答する時には、I live in（地名）.と言えばOK！相手に馴染みのない場所を言う場合は、すぐ後にnear Shibuyaなどと有名な場所を加えると相手に理解されやすいです。初対面でまだ打ち解けていない相手には、「Do you live around here?（このあたりに住んでいるんですか?）」などもお勧めします。

(Lesson 3 発音) 　　　　　　　　　　　　　1分で

Whereとliveを特にしっかり発音すると相手に伝わりやすいです。liveは前のliにアクセントです。「リーィヴ（ヴは軽く発音）」のように、アクセントのある母音を少し長めに発音すると英語らしくなりますよ。

(Lesson 4 置き換え) ※以下は置き換えの例 　　　3分で

Where do you work?
　どこで働いていますか?

Where do you work out?
　どこで体を鍛えているんですか?

Where do you usually eat lunch?
　普段はどこでランチを食べますか?

Where did you see my glasses?
　どこで私のメガネを見ましたか?

Where did you get the latest information?
　どこで最新の情報を得ましたか?

Where can I buy a ticket?

どこでチケットを買えますか？

Lesson 1　構文　1分で

疑問詞 where とCan I…の形を組み合わせた「Where can I＋動詞〜?」の形で、「私はどこで〜できますか？」と尋ねることができます。ある行動をするために自分がどこに行けばよいのかが、この表現を使うことでわかります。

Lesson 2　イメージ　　　　　　　　　　　　1分で

駅や劇場などでチケット売り場を尋ねるイメージで練習しましょう。旅行先などで活躍するお役立ちフレーズです。この質問に返答する一例として、「There is a ticket machine over there.（券売機があっちにあるよ。）」などと p.158の表現が使えます。

Lesson 3　発音　　　　　　　　　　　　　1分で

can Iを「キャナイ」と発音して、全体的に滑らかに繋げましょう。ticketの発音はどうしても「チケット」と言ってしまいがちですが、「ティケッ（語尾のtは軽く発音）」というニュアンスで発音できるようにします。

Lesson 4　置き換え　　※以下は置き換えの例　　　　3分で

Where can I **pay**?
どこで支払えますか?

Where can I **get that**?
それはどこで手に入りますか?

Where can I **put my bag**?
バッグはどこへ置けばいいですか?

Where can I **use free Wi-Fi**?
どこで無料のWi-Fiを使えますか?

Where can I **exchange money**?
どこで両替できますか?

076

76, 176　Who + be動詞

Who is your favorite actor?

お気に入りの俳優は誰ですか?

Lesson 1　構文
1分で

疑問詞 who（誰）を使った「Who + be動詞 + 主語?」の形で、「（主語）は誰ですか?」と人に関する情報を聞くことができます。注意点は「どなたですか?」と聞きたい時。Who are you? と言うと「あんた誰?」と失礼な言い方になります。「What's your name?（お名前は?）」など別の言い方をしましょう。

Lesson 2　イメージ

1分で

趣味・好みを掘り下げる時に使えるのが、favorite（お気に入りの）を活用したフレーズ。映画など、エンタメの話になった時をイメージして練習しましょう。回答する時には、I like 〜（p.52）を使えば、すんなり答えられます。

Lesson 3　発音

1分で

Who や favorite actor を強調して発音し、is your は目立たなくサラリと言えるといいですね。favorite は「フェイヴァリッ（語尾の t は軽く発音）」です。スペルを見ただけでは発音がイメージできない人はちゃんと音声をチェック！

Lesson 4　置き換え　※以下は置き換えの例

3分で

Who is **that man?**
　あの男性は誰ですか？

Who is **your boss?**
　あなたの上司は誰ですか？

Who is **your favorite comedian?**
　好きなコメディアンは誰ですか？

Who is **the next speaker?**
　次の話し手は誰ですか？

Who is **the woman in this picture?**
　この写真の中の女性は誰ですか？

Why do you study English?

なぜ英語を勉強するんですか？

Lesson 1　構文　　　　　　　　　　　　　　　　1分で

疑問詞 why（なぜ）を使った「**Why do you＋動詞〜?**」の形で、「**あなたはなぜ〜するのですか?**」と行動の理由を尋ねることが可能。Whyは時に直接的に聞こえるので、目上の人に理由を尋ねる時には「Could you tell me the reason?（そうされる理由を教えていただけないでしょうか。(p.127)）」などで置き換えるといいでしょう。

Lesson 2 　イメージ　　　　　　　　　　　　　　　　1分で

英語を学び始めた友人に理由を尋ねる気持ちで練習してみましょう。返答する時には、because（p.240）の表現が活用できます（例：Because I like American dramas.（アメリカのドラマが好きだからです））。**文章を書く時、becauseは文頭に置くことができないのですが、会話の場合は気にしないで大丈夫です。**

Lesson 3 　発　音　　　　　　　　　　　　　　　　1分で

Whyやstudy Englishをしっかり発音。逆にdo youはサラッと言いスムーズに繋がるように発音を。語尾はイントネーションをしっかり下げます。

Lesson 4 　置き換え　※以下は置き換えの例　　　　　　　3分で

Why do you think so?
なぜそう思うんですか？

Why do you live in your town?
なぜその街に住んでいるんですか？

Why do you want to be a doctor?
なぜ医者になりたいんですか？

Why did you choose her?
なぜ彼女を選んだんですか？

Why did you change your job?
なぜ仕事を変えたんですか？

Which is your glass?

あなたのグラスはどちらですか?

Lesson 1　構 文　　　　　　　1分で

疑問詞 which（どちら）を使った「Which + be動詞+主語?」の形で、
「どちらが（主語）ですか?」と、ある特定のものを明らかにすることが
できます。無限にある何かから選ぶのではなく、限定されたものの中
から特定のものを指定するニュアンスを含みます。

Lesson 2 イメージ   1分で

テーブルなどに2つ、またはそれ以上のグラスがあり、その中から「どれがあなたのグラス?」と聞いているシーンですね。答える場合は、This is (p.150) の表現を使い、「This is my glass/mine.(こちらが私のもの。)」と言い、**遠くにある時はThat is 〜 .** と返答します。

Lesson 3   発 音   1分で

Whichとglassを、特に強調して発音すると、全体的に英語らしいリズムになります。glassは日本語にもなっていますが、**laの部分にアクセントを乗せ「グラァス」のように発音すると英語っぽくなります。**

Lesson 4 置き換え   ※以下は置き換えの例   3分で

Which is mine?
どちらが私のものですか?

Which is yours?
どちらがあなたのものですか?

Which is better?
どちらがいいですか?

Which is your seat?
どちらがあなたの席ですか?

Which is your favorite one?
あなたの好きなのはどちらですか?

例文
079 🎧 79, 179   **How + be動詞**

How is your new job?

新しい仕事はどうですか?

Lesson 1 　**構 文**　　　　　　　　　　　　　1分で

疑問詞 howを使った「How+be動詞+主語?」の形で、「(主語) は
どうですか?」と調子や様子を尋ねることができます。ここでの how
は「どういう状態」と言う意味です。その他 howには色々な意味が
ありますが、よく使う表現をこの後取り上げていきます。

Lesson 2　イメージ

転職や部署異動をした友人などに対して声をかけるイメージで練習してみましょう。答える時には、「It's great. I like it.（いいよ、気に入っているよ。）」などと言えます。仕事という単語はjobの他にworkもあります。**jobは具体的な仕事内容**のことを指し、一方 **work**はもっと**漠然とした仕事そのもの**を指す他、動詞（働く）として使います。

Lesson 3　発　音

Howとnew jobに抑揚を置いて発音すると、全体的に英語らしいリズムになります。**How is your**は特によく使うフレーズですので「**ハウィズユァ**」と繋げてスムーズに言えるようにしましょう。それと、よく**How's（ハウズ）**と短縮されます。

Lesson 4　置き換え　※以下は置き換えの例

How is your cold?
風邪の具合はどうですか?

How is your family?
ご家族は元気ですか?

How is your dog?
あなたの犬は元気ですか?

How is your school?
学校はどうですか?

How is your new life?
新しい生活はどうですか?

How was your trip to Osaka?

大阪への旅行はいかがでしたか？

Lesson 1 　構 文　　　　　　　　　　　　　1分で

疑問詞howを使った「How＋be動詞の過去形＋主語？」の形で、「（主語）はどうでしたか？」と、過去の出来事に対する様子を尋ねることができます。友人との会話や職場、様々な場面で「〜どうだった？」と確認したり感想を聞いたりしたい時のお役立ちフレーズです。

(Lesson 2 イメージ) 1分で

誰かが旅行から帰ってきた時に尋ねるイメージで練習を。ちなみに**trip**は短めの旅行のこと、**travel**は長めの旅行を意味する他、動詞(旅行する)としても使います。質問に答える時は、「It was great！(素晴らしかった！)」や、「I really enjoyed it.(本当に楽しかった。)」などと言えます。

(Lesson 3 発音) 1分で

How や trip、Osaka に抑揚を置いて発音すると、全体的に英語らしいリズムになります。was your はつなげて発音し、to の部分は、短く発音すると悪目立ちしません。

(Lesson 4 置き換え) ※以下は置き換えの例 3分で

How was **your day?**
今日はどうでしたか？

How was **your exam?**
試験はどうでしたか？

How was **your weekend?**
週末はどうでしたか？

How was **your first day of work?**
仕事初日はどうでしたか？

How was **your flight to New York?**
ニューヨークまでのフライトはどうでしたか？

How can I get to the station?

どうやって駅まで行けますか？

Lesson 1　構文　　　　　　　　　　　　　　　　　1分で

howとcan Iの表現を組み合わせた「How can I + 動詞〜?」の形で「私はどうやって〜できますか？」という意味になり、相手に方法を尋ねることができます。ここでのhowは「どういう方法／手段で」という意味です。

Lesson 2　イメージ

1分で

誰かに駅までの行き方を尋ねるイメージで練習を。get toはgo toと同じように「行く」の意味ですが、get（得る）の単語のニュアンスを汲み、目的地へ「到着する」という意味合いがより強いです。

Lesson 3　発音

1分で

can Iは「キャナイ」、get toは「ゲットトゥ」ではなく「ゲットゥ」と繋げて発音し、「ハウキャナイゲットゥ」と一息で言えると、グッと英語らしくなります。

Lesson 4　置き換え　※以下は置き換えの例

3分で

How can I contact you?
どうやってあなたに連絡したらいいですか?

How can I fix this?
どうやってこれを直せますか?

How can I find my ID?
どうしたら私のIDがわかりますか?

How can I get a discount?
どうしたら割り引いてもらえますか?

How can I improve my English?
どうやったら英語力が伸びますか?

How many people are there in your family?

何人家族ですか?

Lesson 1 構文

1分で

how many の形になると「何人／いくつ?」という意味になり、there are（います／あります）と組み合わせた「How many＋名詞 are there ～?」の形で、「いくつの（名詞）がありますか／いますか?」という表現になります。「How many ＋名詞 do you ＋動詞～?」の形だと、「いくつの（名詞）を～しますか?」となります。

Lesson 2 イメージ   1分で

「何人家族？」と聞く時の鉄板フレーズです。自己紹介の時に相手に尋ねるイメージで練習を。答える時は、There are（数字）people in my family.（p.160）と言えばバッチリ。後ろのin 〜の部分を他の表現（例：in your company（あなたの会社で））に入れ替えると、色々な「何人？」を質問できます。

Lesson 3   発 音   1分で

How many peopleとfamilyを特に強調して発音すると、伝わりやすくなります。peopleは「ピープル」にならないように。「ピーポー」としっかり音を伸ばす発音をします。

Lesson 4 置き換え ※以下は置き換えの例   3分で

How many **people are there in the room?**
部屋には何人いますか？

How many **people are there in your company?**
あなたの会社には何人いますか？

How many **books do you have?**
何冊の本を持っていますか？

How many **hours do you sleep?**
何時間寝ますか？

How many **children do you have?**
お子さんは何人いますか？

How much is **the ticket?**

チケットはいくらですか？

Lesson 1　構文　　　　　　　　　　　　　　　　　　1分で

howはhow muchの形になると「いくら／どのくらい（の量）」という意味になり、「How much is＋主語?」の形で、料金を尋ねることができます。元々、how manyは数えられるもの、how muchは数えられないものに対して数や量を尋ねる表現です。お金は英語的に数えられないものに分類されるのでhow muchを使います。

Lesson 2　イメージ

1分で

切符や入場券を買う時に、値段を聞くイメージで練習します。**How much?** とだけ言って指差しても通じることは多いですが、**かなりフランクな印象になります。**また答える時は、「It's two dollars.（2ドルです。）」などとit'sを使って表現できますが、**金額を言うだけでもOK**です。

Lesson 3　発 音

1分で

How muchやticketを強調して発音すると、伝わりやすくなります。ticketの発音は「**ティケッ（語尾のtは軽く発音）**」と言えるようになりましょう。

Lesson 4　置き換え　※以下は置き換えの例

3分で

How much is **the ticket to Boston?**
ボストンまでのチケットはいくらですか?

How much is **this?**
これはいくらですか?

How much is **the new one?**
新しいのはいくらですか?

How much is **the monthly rent?**
月々の家賃はいくらですか?

How much is **the membership fee?**
会費はいくらですか?

How long does it take from Tokyo to Osaka?

東京から大阪までどのくらい時間がかかりますか？

Lesson 1 　構文　　　　　　　　　　　　　　1分で

　how longの形になると「どのくらいの間」という意味になり、「How long does it take 〜?」の形で「どれくらいの時間がかかりますか?」となります。to + 動詞の原形を続ければ、移動をはじめ、動作の所要時間を尋ねることもできます。

Lesson 2　イメージ

移動の際の所要時間を尋ねるイメージで練習しましょう。答え方は次ページ（p.210）ですぐにマスターできます。does it take の部分が覚えにくいかもしれませんが、**所要時間を聞く決まりフレーズ**として覚えましょう。

Lesson 3　発音

How long や Tokyo、Osaka を強調して発音すると、伝わりやすくなります。does it take の部分は細かい音のつながりですが、it の t を強くしすぎず「ダズイッテイク（語尾のクも軽めに発音）」というニュアンスにすると、よりスムーズに繋がります。

Lesson 4　置き換え　※以下は置き換えの例

How long does it take **from here to the station?**
ここから駅まででどのくらい時間がかかりますか？

How long does it take **to fix this?**
これを直すのにどのくらい時間がかかりますか？

How long does it take **to prepare lunch?**
ランチを準備するのにどのくらい時間がかかりますか？

How long does it take **to be a store manager?**
店長になるまでどのくらい時間がかかりますか？

How long does it take **to collect the information?**
情報を集めるのにどのくらい時間がかかりますか？

It takes about three hours by shinkansen.

新幹線で約3時間かかります。

Lesson 1　構文　　　　　　　　　　　　1分で

「It takes＋時間」の形で、「(時間) がかかります」と伝えることがで
きます。「It takes＋時間＋to＋動詞の原形」の形にすれば「(動詞)
をするのに (時間) がかかります」と、詳細を付け足すこともできます。

(Lesson 2) イメージ　　　　　　　　　　　　　　1分で

How long does it take〜?（p.208）に返答するつもりで練習しましょう。
aboutをつけて、おおよその時間を伝えています。また、**交通手段は
前置詞byを使って表せます。日本の新幹線は英語でbullet train（弾
丸列車）と言いますが、日本国内であればshinkansenで十分伝わり
ます。**

(Lesson 3)　発 音　　　　　　　　　　　　　　1分で

itとaboutのtや、takesとhoursのsを軽く発音することで、よりスムー
ズに繋がります。また交通手段の情報はとても大事! by shinkansen
はしっかり伝えましょう。

(Lesson 4) 置き換え　※以下は置き換えの例　　　　　3分で

It takes **only ten minutes on foot.**
　歩いてたったの10分です。

It takes **about a week.**
　1週間程度かかります。

It takes **about 5 minutes in a microwave oven.**
　電子レンジで5分程度です。

It takes **about three years.**
　約3年かかります。

It takes **a few days.**
　数日かかります。

How often do you go to the gym?

どのくらいよくジムに行くんですか?

Lesson 1 構文

1分で

how oftenの形になると「どの程度」という意味になり、「How often do you＋動詞～?」の形で、相手の習慣や行動に対する頻度・回数を尋ねることができます。答え方は次ページ（p.214）でマスターしましょう。

Lesson 2　イメージ　　　　　　　　　　1分で

誰かにスポーツジムに通う回数を尋ねるイメージで練習を！ **go to the gym**でジムに行くという意味の他、ジムで筋トレをすることを表す単語に**work out**（筋トレする）があります。その場合、「How often do you work out ?（どのくらい筋トレをしますか?）」になります。

Lesson 3　　発　音　　　　　　　　　　1分で

How oftenや**go**、**gym**あたりを強調して発音すると伝わりやすくなります。**gym**はパッと見た感じ発音がわかりにくいですが「ジム」（ジにアクセント）です。

Lesson 4　置き換え　※以下は置き換えの例　　3分で

How often **do you travel?**
　どのくらいよく旅行に行きますか?

How often **do you eat out?**
　どのくらいよく外食しますか?

How often **do you take lessons?**
　どのくらいよくレッスンを受けるんですか?

How often **do you wash your car?**
　どのくらいよく車を洗いますか?

How often **do you get a haircut?**
　どのくらいよく髪を切りますか?

(I go to the gym) Once a week.

（ジムに行くのは）週に1回です。

Lesson 1　構 文　　　　　　　　　　　　　1分で

how often 〜と頻度を聞かれた際、「回数+期間」の形にすれば、ちゃんと答えることができます。回数（once）と期間（a week）を並べる時、once in a weekなどとinは入れません。

Lesson 2　イメージ　　　1分で

How often do you go to the gym? (p.212) に対して回答するつもりで練習を。回答する時にはonce a week.の部分だけでも大丈夫です。ちなみに、1回／2回まではonce /twiceとなり、3回以降はthree timesのように〜 timesの形で表せます。

Lesson 3　発音　　　1分で

once a weekの部分は、相手に丁寧に伝えたい時は、「ワンス　アウィーク」と発音しますが、少しスピーディに言う時には「ワンスァウィーク」と音が繋がります。

Lesson 4　置き換え　　※以下は置き換えの例　　　3分で

(I travel) Twice a year.
（旅行をするのは）1年に2回です。

(I eat out) A few times a week.
（外食するのは）週に数回です。

(I take lessons) Every other day.
（レッスンを受けるのは）1日おきです。

(I wash my car) Every two weeks.
（車を洗うのは）2週間ごとです。

(I get a haircut) Every month.
（髪を切るのは）毎月です。

(I went to the gym) for the first time in a long time.

（ジムに行くのは）ずいぶん久しぶりでした。

Lesson 1 　構文

1分で

for the first time（初めて）という表現とin a long time（長い間）という表現をくっつけることによって、「ずいぶん久しぶり」と伝えることができます。その他「〜年ぶり」などと言いたい時には、in three yearsと、inの後ろに具体的な期間を入れます。

Lesson 2　イメージ

「久しぶり」と言う機会は意外に多いので、さっと使えるようにしておきましょう。For the first time in a long time.とは直訳すると「長い間の中で初めて」という非常にまどろっこしい感じですね。英語特有のニュアンスに慣れていきましょう。

Lesson 3　発音

first timeとlong timeを強調して発音すると伝わりやすくなります。in a long timeのin aは「インナ」のように繋がります。

Lesson 4　置き換え　※以下は置き換えの例

For the first time.
初めてです。

For the first time **in a while.**
久しぶりです。

For the first time **in two months.**
2か月ぶりです。

For the first time **in a few months.**
数か月ぶりです。

For the first time **in two years.**
2年ぶりです。

How about next week?

来週はいかがですか?

Lesson 1　構文　　　　1分で

「How about＋名詞?」は「(名詞) はどうですか?」という意味の決まりフレーズ。主に提案する時に使います。別の使い方としては、最初に「How is your work?(仕事の調子はどうですか?)」などと質問した後、**2つ目以降**の質問では「How **about** your private life?(プライベートはどうですか?)」などと言うこともあります。

Lesson 2　**イメージ**　　　　　　　　　　　　　　　　　　1分で

相手に対して、約束の日程を提案するつもりで練習を。たった3、4語で話せるのでスラッと使いこなしたいですね。返答する場合は、「I'm 形容詞 の 表現（p.44）」や「曜日の表現（p.236）」を活用して、「I'm free on Monday. （月曜日は空いています。）」などと言うことができます。

Lesson 3　**発 音**　　　　　　　　　　　　　　　　　　1分で

aboutとnextのtを軽めに発音し、全体が一息で繋がるようになるといいでしょう。この英文も、**文末を下げ調子で終わらせます**。相手に提案している**next week**の部分を強調して発音すると、伝わりやすくなります。

Lesson 4　**置き換え**　※以下は置き換えの例　　　　　　　3分で

How about **that?**
それはどうですか？

How about **you?**
あなたはどうですか？

How about **some tea?**
お茶はどうですか？

How about **a pizza?**
ピザはどうですか？

How about **this Sunday?**
今度の日曜はどうですか？

How about reading this book?

この本を読むのはどうですか？

Lesson 1　構文

1分で

how about -ing ～ ? は「～はどうですか？」という意味の決まりフレーズ。主に2つの使い方があり、一つは相手に何かを提案する場合。もう一つは相手をお誘いする場合です。後者はlet's ～と同じ意味になります。

Lesson 2 イメージ   1分で

相手に「この本読んだらどう?」と提案するイメージで練習しましょう。
返答の一例としては、I will (p.94) を使った表現 (例:I will do it. (そ
うするよ)) や、That sounds nice. (p.156) などが使えます。

Lesson 3   発 音   1分で

aboutのtとreadingのgを軽めに発音し、全体が一息で繋がるよう
になるといいでしょう。相手に提案しているreading this bookを強
調して発音すると、伝わりやすくなります。

Lesson 4 置き換え ※以下は置き換えの例   3分で

How about changing your glasses?
メガネを換えたらどうですか?

How about using an alarm clock?
目覚まし時計を使うのはどうですか?

How about meeting today?
今日会いませんか?

How about going shopping?
買い物に行きませんか?

How about having a coffee?
コーヒーでも飲みませんか?

Thank you for **your advice.**

アドバイスをありがとうございます。

Lesson 1　構文　　　　　　　　　　　　　　1分で

「Thank you for + 名詞」の形は「(名詞) をありがとう」で、相手にお礼を伝える決まりフレーズ。名詞の部分には、具体的に感謝したい対象を入れます。またfor -ingの形を作り、感謝したい相手の行動（例:helping me（私を助けてくれたこと））を入れて使うこともできます。

Lesson 2 イメージ ⏱1分で

お礼を言う気持ちで練習しましょう。Thank you very/so muchにすると、ありがとうの度合いが強まります。very muchがフォーマルな印象、so muchは口語的で気持ちが前面に出る感じです。言われた側は、「You're welcome.（どういたしまして。）」と返したり、「Sure.（もちろん。p.271）」なども使ったりできます。

Lesson 3 発音 ⏱1分で

Thank youとadviceの部分を特に強調して発音すると、伝わりやすくなります。adviceのアクセント位置は「ヴァイ」の部分です。日本語と同じように発音すると「アド」の部分が強くなりがちですから、気をつけましょう。

Lesson 4 置き換え ※以下は置き換えの例 ⏱3分で

Thank you for your help.
助けてくれてありがとうございます。

Thank you for your kindness.
ご親切にありがとうございます。

Thank you for inviting me.
招待していただきありがとうございます。

Thank you for coming today.
今日はお越しいただきありがとうございます。

Thank you for your time.
お時間をいただきありがとうございます。

例文
092 🎧 92, 192　**命令文（be動詞の場合）**

Be careful.

気をつけてください。

Lesson 1　**構文**　　　　　　　　　　　　　　　1分で

主語（you）を省略して動詞の原形から始まる英文にすることで、命令／指示／お願い／注意喚起をすることができます。これを「命令文」と言います。Be動詞の命令文は、「Be＋形容詞／名詞」の形を作ります。否定形は、Don't be〜.の形になります。

Lesson 2 イメージ

carefulは想定できる望ましくない状況を想定した注意の促し。例えば「This cup is very hot.（このカップはとても熱いですよ。）」という状況などに、Be careful.を使います。**文頭にPleaseをつけると丁寧になります。**同じ「気をつける」でもtake careは「お大事に」などの意味でも使われます。

Lesson 3 発音

carefulは「ケアフル」ではなく「**ケアフーゥ**」と言うニュアンスを出すと、言いやすくなるはずです。

Lesson 4 置き換え ※以下は置き換えの例

Be safe.
お気をつけてください／ご無事で。

Be quiet.
静かにしてください。

Be kind to others.
他人に優しくしてください。

Don't be shy.
恥ずかしがらないでください。

Don't be so nervous.
そんなに緊張しないでください。

Click this button.

このボタンをクリックしてください。

Lesson 1　構文　　　　　　　　　　　　　　　　1分で

一般動詞の命令文は、「動詞の原形〜」の形になります。また否定
形は「Don't＋動詞の原形〜」の形です。「命令」と聞くと高圧的な
イメージがありますが、例えばEnjoy your trip.（旅行を楽しんで）な
どの声がけにもよく使われています。**口調によって伝わり方が変わり
ます。**

Lesson 2　イメージ　　　　　　　　　　　　1分で

相手に、操作の手順を教えているようなイメージで練習しましょう。
clickとは「カチッ」と音がするような「押す」という意味です。この英
文の後に先の手順も説明したい時には、then（それから）やafter
that（その後）とつないでから次の命令文を繋げればOKです。

Lesson 3　発　音　　　　　　　　　　　　　1分で

日本語でも馴染みがある一方、意外に難しい発音がclickとbutton
です。clickは「クリック」と日本語ぽくならず、cとlをなるべく同時に
発音すると英語らしくなります。buttonは「ボタン」ではなく「バトゥン」
に近い発音です。

Lesson 4　置き換え　　※以下は置き換えの例　　　　3分で

Say cheese.
　はいチーズ。

Wait a minute.
　ちょっと待ってください。

Listen carefully.
　よく聞いてください。

Watch your step.
　足元に注意してください。

Wash your hands.
　手を洗ってください。

Let's take a break.

休憩しましょう。

Lesson 1 ┃ 構文 ┃ 1分で

「Let's＋動詞の原形」で、「一緒に～しましょう」というお誘いの表現になります。let's はlet usが短縮された言い方です。usとあるように「相手と一緒」にというニュアンスが含まれています。勧誘表現のHow about -ing？（p.220）も同じような意味です。

Lesson 2　イメージ

1分で

ひと休みしたい時、同僚に声をかけるイメージで練習しましょう。take はhaveに置き換えられます。また、take a breakではなくtake a rest と言うと、少し長めの休憩で体を休ませるというニュアンスになります。 Let'sはカジュアルな印象ですが、ビジネスでも使用しますよ！

Lesson 3　発音

1分で

Let'sとbreakを強調して発音すると、伝わりやすくなります。take a break「テイクァブレイク（kの発音は軽めに）」と言う感じで、滑らか に繋げて発音します。

Lesson 4　置き換え　※以下は置き換えの例

3分で

Let's do it.
さあやりましょう。

Let's go outside.
外に行きましょう。

Let's get started.
さぁはじめましょう。

Let's talk about this.
これについて話し合いましょう。

Let's take a picture together.
一緒に写真を撮りましょう。

I'm at the front desk.

私はフロントにいます。

Lesson 1　構文

1分で

場所の前置詞の中でも、特に使われるものにat /on /inがあります。atはある地点・特定の場所を表す時に使い、「at+場所」という形を作ります。地図やフロアマップ上で「ここ!」と指させるようなイメージがatです。

Lesson 2　イメージ　　　　　　　　　　　　　　　1分で

電話で自分の居場所を伝えるようなイメージで練習しましょう。ホテル
をはじめオフィスの**フロント**を表したい時には**front desk**と表現すれ
ば伝わります。日本語で馴染みのある**front**だけでは、「**建物の正面**」
という意味に取られるので注意しましょう。

Lesson 3　発　音　　　　　　　　　　　　　　　　1分で

at theの部分は、**at**の**t**の音を消し「**アッザ**」のように繋げてしまいます。
front deskを強調して発音すると、場所の情報が伝わりやすくなりま
す。**front**の**t**や**desk**の**k**を軽く発音できると英語らしさがアップします。

Lesson 4　置き換え　　※以下は置き換えの例　　　　3分で

I'm at home.
家にいます。

I'm at the office.
オフィスにいます。

I'm at the station.
駅にいます。

I'm at the bar with Emi.
エミとバーにいます。

I met my friend at a cafe.
カフェで友人と会いました。

Our office is on the 6th floor.

私たちのオフィスは6階です。

Lesson 1 構文

1分で

場所の前置詞の中でも、**on**のイメージは「**接触**」。何かの上にいる／あるような場合に使われ、「**on+場所**」という形を作ります。この「接触」は水平面だけでなく、壁のような垂直面やボールのような球面も含みます。

Lesson 2　イメージ

〈1分で〉

勤め先の場所を詳しく説明するイメージで。**floor**は日本語と同じく「**床**」という意味がある他、「**建物の階**」を示します。sixth floorのように、序数詞（普通の数字ではなく順序を表す単語）＋ floorで、何階かを伝えることができます。

Lesson 3　発　音

〈1分で〉

Our officeと**6th floor**を強調して発音すると、伝わりやすくなります。**office**は「オフィス」と言うより「アフィス」に近い感じで発音します。sixthのthの発音は「舌を歯に摩擦させ表現する」という難しい「ス」の音ですが、まずはあまりこだわらなくて大丈夫。

Lesson 4　置き換え　※以下は置き換えの例

〈3分で〉

I'm on the bus now.
今バスに乗っています。

I'm on the train now.
今電車に乗っています。

My phone is on the table.
私の携帯はテーブルの上にあります。

There is a cat on my car.
車の上に猫がいます。

Look at the picture on the wall.
壁にある絵を見てください。

I'm in the kitchen.

私はキッチンにいます。

Lesson 1　構文

1分で

場所の前置詞の中でも、inのイメージは「囲まれた空間の中」。何かに覆われた中にいるという感覚の時に使われ、「in+場所」という形を作ります。onとinの違いの例として、立った状態で乗れる乗り物にはon（例:on a train）を使い、座った状態で乗る乗り物にはin（例: in a car）を使います。

Lesson 2 イメージ

もし自宅で英語を使うなら、こんなフレーズで居場所を知らせることも
あるのでは? この場合、キッチンという部屋の"中"にいるのでinを使っ
ています。ですがinとatは、話し手の空間イメージによって両方使え
ます。at the kitchenでも間違いではありません。

Lesson 3 発音

kitchenを強調して発音すると伝わりやすくなります。「キッチン」で
はなく「キチン」のように言います。I'm in theは、キュッとまとめて、サラッ
と滑らかに発音できるようにしましょう。

Lesson 4 置き換え ※以下は置き換えの例

I'm in Thailand now.
今タイにいます。

I work in Sendai.
仙台で働いています。

I'm in the next room.
隣の部屋にいます。

I was swimming in the pool.
プールで泳いでいました。

I left my wallet in my car.
財布を車に置き忘れました。

Let's meet at seven pm on Sunday.

日曜の午後7時に会いましょう。

Lesson 1　構文

1分で

場所の前置詞 at /on /inは、時間にも使います。ある地点を示すat
は時刻に使われます。時計の針が時刻を指しているイメージですね。
接触のonは曜日や日にちに使われ、「中」というイメージのinは月や
年に対して使います。

Lesson 2　イメージ

1分で

待ち合わせの時刻と曜日を伝えるつもりで練習を。午前か午後かをはっきりさせたい時は、am（午前）／ pm（午後）を時刻の後につけます。また、**毎時00分の時には、時刻の後ろにo'clockをつけることもあります。**ただ、**am /pmとo'clockは同時には使えません。**

Lesson 3　発音

1分で

Let'sやseven、Sundayを強調して発音すると伝わりやすくなります。またmeetとatにある2つのtの発音を軽く言うことで、全体が滑らかに繋がりやすくなります。

Lesson 4　置き換え

※以下は置き換えの例

3分で

Let's take a break at three.

3時に休憩しましょう。

Let's wake up at five on Thursday.

木曜は5時に起きましょう。

I go skiing in December every year.

毎年12月にスキーに行きます。

I visited Australia in 2015.

2015年にオーストラリアを訪れました。

I graduated from university in 2010.

2010年に大学を卒業しました。

When I was a child, I played baseball.

子供だった頃、野球をやっていました。

Lesson 1　構文　　　　　　　　　　　　　　1分で

when（〜の時）という接続詞を使い「when A, B」で、「Aの時に、Bです」と特定の時間や期間で自分がする（した）行動や状態が表現できます。順番が入れ替わって「B when A」となってもOKです。

Lesson 2　イメージ

⏱1分で

自己紹介で自分の過去を語るイメージで練習します。**前後が入れ替わり、I played baseball when I was a child.と言ってもOK。「私が子供だった」という表現は、I was small / little.と言うこともできます。すると、小さくて可愛い印象（特にlittleは可愛い感じ）が伝わります。**

Lesson 3　発音

⏱1分で

When I was a child,の部分は、WhenとIを「ウェンナイ」のように繋げ、was aを「ワズァ」のように繋げ、childを「チャイルド」ではなく「チャイウド」のように発音すると、言いにくさが減り「ウェンナイワズァチャイウド」とスムーズに繋がります。

Lesson 4　置き換え　※以下は置き換えの例

⏱3分で

When I was young, I lived in Chiba.
若かった頃、千葉に住んでいました。

When I was nineteen, I went to London.
19歳の時に、ロンドンへ行きました。

When I was walking, I met my friend.
歩いていた時、友人に会いました。

Be careful when you cross the street.
通りを渡る時は気をつけてください。

You need this card when you enter the library.
図書館に入る時にはこのカードが必要です。

I can't go with you because I'm very busy.

とても忙しいので、あなたと出かけられません。

Lesson 1 構文   1分で

because（なぜなら）という接続詞を使い「A because B」の英文にすることで、「A、なぜならB」と、前の文（A）に対して理由（B）を説明することができます。

Lesson 2 イメージ　　　　　　　　　　1分で

誘いを受けた時、行けないことを伝えるイメージで練習しましょう。そもそもbusy自体が忙しいという意味ですから、さらにveryがつくと多忙を極めるニュアンスが伝わります。冒頭に「I'm sorry, but 〜（申し訳ないのですが〜）」と前置きを加えることもできます。

Lesson 3　発音　　　　　　　　　　　1分で

can't goやbecause、very busyを強調して発音すると伝わりやすくなります。否定文の場合は、特にcan'tをしっかり相手に届くように言うようにしつつも、can'tのtは軽く発音します。

Lesson 4　置き換え　※以下は置き換えの例　　　3分で

It's very crowded because there is a festival today.

今日はお祭りがあるのでとっても混んでいます。

I will stay home because I'm sick.

具合が悪いので家にいようと思います。

I agree with your idea because it's wonderful.

素晴らしいのであなたのアイデアに賛成します。

I like this hotel because it's very convenient.

とても便利なのでこのホテルが好きです。

You need some rest because you look tired.

疲れた顔をしているから少し休息が必要ですよ。

Step 2の進め方

●初めて取り組む時

【1】内容を考える──**3分**

【2】しゃべる&ふり返る・1回目──**3分**（1分しゃべる、2分ふり返る）

【3】しゃべる&ふり返る・2回目──**3分**（1分しゃべる、2分ふり返る）

【4】しゃべる&ふり返る・3回目──**3分**（1分しゃべる、2分ふり返る）

【5】内容を書き起こす──**3分**

【6】その日に同じ範囲を復習する──**15分程度**

【7】翌日に前日の範囲を復習する──**15分程度**

●それまで取り組んだ範囲を一気に復習する時（21、25日目）

【1】書き起こしておいた原稿を見直す──**1トピック1分**

【2】何も見ずにしゃべってみる──**1トピック1分**

【3】動画に撮影しながらしゃべってみる──**1トピック1分**

【4】動画を見て、翌日からのトレーニングに活かす──**1トピック1分**

☞ 以上【1】〜【4】の工程を、1トピックずつ行う。全トピックが終わったら、また同じことを繰り返す。全部で45分以内を目安に取り組む。

実用化トレーニング

Step 2「実用化トレーニング」の学習スケジュール

内容	時間	17日目	18日目	19日目	20日目
新規の取り組み	15分	自己紹介	仕事の紹介	好きなこと	過去の成功体験
新規の復習	15分	自己紹介	仕事の紹介	好きなこと	過去の成功体験
前日の復習	15分		自己紹介	仕事の紹介	好きなこと
復習	45分	100例文			

21日目	時間	内容	22日目	23日目	24日目
17-20日目の復習	15分	新規の取り組み	妄想道案内	英語を学ぶ目的	未来の夢
	15分	新規の復習	妄想道案内	英語を学ぶ目的	未来の夢
	15分	前日の復習	前日間違えたもの	妄想道案内	英語を学ぶ目的
100例文	45分	復習	100例文		

時間	25日目
45分	22-24日目の復習
45分	100例文

自己紹介

Hi, nice to meet you.

I'm Naoto Tanaka.

Call me Nao.

I'm originally from Niigata

and now I live in Yokohama with my wife and son.

I studied mechanical engineering at college and now I

am an engineer at A company.

In my free time I like watching movies at night.

I also like playing tennis with my coworkers after work.

Every weekend, I play with my son in the park.

It's a lot of fun.

I'm really looking forward to studying English with you

all.

Thanks.

初めまして。

私は田中直人です。

ナオと呼んでください。

私は元々新潟の出身で、

今は横浜に妻と息子と住んでいます。

大学で機械工学を学び、今はAカンパニーのエンジニアをして

います。

時間がある時には、夜に映画を見るのが好きです。

また仕事の後に、同僚とテニスをするのも好きです。

毎週末には、息子と公園で遊びますが、

とても楽しいです。

皆さん達と一緒に英語を勉強するのを楽しみにしています。

以上です。

仕事の紹介

I'd like to talk about my job.

I joined a food company 3 years ago

and now I'm a sales manager.

Our office is in Shibuya.

It takes about 30 minutes by train,

but sometimes I work from home and have meetings online.

I like working in sales because I can meet new people every day.

It's very exciting.

Also, I enjoy working with my coworkers.

I think we are a great team,

and we will have great results this year.

I'll do my best for our team.

仕事についてお話ししたいと思います。

私は3年前に食品会社に入社して、

今はセールスマネージャーをしています。

オフィスは渋谷にあり、

電車で30分程度です。

でも、時々在宅で仕事し、オンラインで会議をします。

私は営業で働くのが好きです、なぜなら毎日新しい出会いがあり、

とてもワクワクするからです。

また、同僚と働くのも楽しいです。

私たちはとってもいいチームだと思っていて、

今年は素晴らしい結果を出したいです。

チームのためにベストを尽くします。

好きなこと

Today, I'll introduce my favorite things.

First, I like eating and drinking with my friends.

I sometimes invite them to my house

and I cook really simple meals for them.

Actually, I'm a good cook.

When we enjoy eating, drinking, and talking, I forget the time.

It's very relaxing.

However, at the same time, I sometimes want to be alone

because it's a good time to think about things, such as my life, work, and my future.

There is a quiet cafe near my house

and I like spending time there with some books.

今日は、私の好きなことを紹介します。

まず、私は友だちと食べたり飲んだりするのが好きです。

時々友だちを家に招いて、

ごく簡単な料理を作ります。

実際、私は料理上手なんです。

食べたり飲んだり、しゃべるのを楽しんでいると、時間を忘れて

しまいます。

とてもリラックスできます。

でも同時に、時々一人になりたいと思うことがあります、

なぜなら人生、仕事、将来などについて考えるいい時間だから

です。

家の近くに静かなカフェがあって、

そこで何冊かの本を持っていって過ごすのが好きです。

過去の成功体験

I'm going to talk about one of my memories.

When I was a university student, I travelled around Japan by bike.

It was really tough but a great experience.

Before the trip, I checked some routes and decided a rough schedule.

Then, I left my house.

During the trip, I rode my bike all day and I was very tired,

but I was so happy to meet kind people and visit new places.

I really enjoyed the one-month trip.

In the near future, I want to try this kind of trip in a foreign country.

私の思い出の一つについてお話しします。

大学生の頃、自転車で日本中を旅行しました。

とっても大変でしたが素晴らしい経験でした。

旅行の前にいくつかのルートを調べて大まかな予定を決め、

それから家を出発しました。

旅行中は一日中自転車を漕いで本当に疲れました、

でも親切な人と出会ったり知らない場所を訪れるのは、とっても
幸せでした。

1か月旅行を本当に楽しみました。

近い将来、私はこういった旅行に海外で挑戦してみたいです。

妄想道案内

A: Where is the station?

B: Oh, do you want to take the subway?

It's very close.

Go straight and turn right at the first traffic light.

Then, you'll see the entrance to the station.

It takes about three minutes on foot.

One more thing, you should buy a 1-day ticket.

It's very convenient.

A: Thanks for your help.

B: No problem!

Are you a tourist?

A: Yes, I am.

This is my first time in Sydney.

From now, I'm going to go shopping at the mall.

B: That sounds great!

Enjoy your trip in Sydney.

A: Thank you very much.

A：駅はどこにあるんでしょうか?

B：あれ、地下鉄に乗りたいんですか?

とっても近いですよ。

まっすぐ行って一つ目の信号を右に曲がってください。

そうすると、駅の入り口が見えます。

だいたい徒歩で3分ぐらいです。

もう一つあって、1日券を買った方がいいですよ。

とっても便利です。

A：助けてくれてありがとう。

B：問題ないですよ!

旅行者さんですか?

A：はい。

私にとってシドニーは初めてなんです。

今からモールに買い物に行く予定なんです。

B：それはいいですね!

シドニーでの旅を楽しんでください。

A：ありがとうございます。

英語を学ぶ目的

I study English every day for two reasons.

First, I like watching American dramas very much.
When I watch American dramas, I can learn about
real American life.

My favorite drama is SUITS.
I really want to understand their English.
Second, I think I should read English news.

Now, there are many international problems,
but I can't get enough information about them
because many news articles on the internet are in
English.
Now I study English for two hours a day.
Nowadays I'm so happy that I can improve my English
skill little by little.

私は毎日英語を勉強しています、というのも2つの理由があるからです。

一つ目に、私はアメリカのドラマがとっても好きなんです。

ドラマを見ると、リアルなアメリカの生活について学ぶことができます。

お気に入りのドラマは『SUITS』です。

私は本当に彼らの英語を理解したいんです。

二つ目に、私は英語のニュースを読んだ方がいいんじゃないか、と思っているんです。

今、多くの国際的な問題がありますが、

私は十分な情報を得られません、

というのも、ネットの多くのニュース記事が英語だからです。

今私は毎日2時間勉強しています。

最近は、自分の英語スキルが少しずつ改善できていて、すごく嬉しいです。

未来の夢

I have two exciting goals.

First, I want to take a trip around the world with my family one day.

It's very interesting to go to different places and experience new cultures.

When I'm looking for wonderful locations on the internet,

I'm very happy that I can clearly imagine our world trip.

Second, I want to work in a foreign country.

When I was a university student, I wanted to be a global business person,

and I still have that goal.

There are many opportunities in my company,

so I will work hard, study English hard,

and talk about my goals with my boss.

私には2つのワクワクする目標があります。

一つは、いつか家族で世界一周旅行をしたいです。

色々な場所に行って、新しい文化を経験することはとっても興味深いです。

ネットで素晴らしい場所を探している時は、

世界旅行をクリアにイメージできてとっても楽しいです。

二つ目には、海外で働きたいです。

大学生だった時、私はグローバルで働く人になりたかったんですが、

今もその目標を持っています。

私の会社は多くの機会があるので、

一生懸命仕事し、英語を勉強し、

そして上司に自分の目標のことを話してみようと思います。

Step 3の進め方

●初めて取り組む時

【1】Lesson 1「構文」にフォーカスして解説を読む、

音読する――**1分**

【2】Lesson 2「イメージ」にフォーカスして解説を読む、

音読する――**1分**

【3】Lesson 3「発音」にフォーカスして解説を読む、音源を聴く、

音読する――**1分**

➡この調子で、1日に15のフレーズに取り組み

【4】その日に同じ範囲を復習する――**5分程度**

【5】翌日に前日の範囲を復習する――**5分程度**

●それまで取り組んだ範囲を一気に復習する時（28日目）

30フレーズ全部を復習する――**55分程度**

仕上げトレーニング

Step 3「仕上げトレーニング」の学習スケジュール

内容	時間	26日目	27日目	28日目
新規の取り組み	45分	フレーズ 1-15	フレーズ 16-30	26、27日目の復習
新規の復習	5分	フレーズ 1-15	フレーズ 16-30	
前日の復習	5分		フレーズ 1-15	
復習	30分	100例文		

(It's) nice to meet you.

初めまして、会えて嬉しいです。

Lesson 1　構文　　　　　　　　　　　　　　　　1分で

直訳は「それは素敵です。あなたに会うことは。」となりますが、**包括して「初めまして」の意味となります**。Nice to meet you.はカジュアルな表現になりますから、**ビジネスシーンなどではIt'sを省略せずに**使います。

Lesson 2　イメージ　　　　　　　　　　　　　　　1分で

初対面の相手への一言をイメージして練習しましょう。Hi! I'm Yuki.などとまず自分を名乗ってからこのフレーズを続けると自然な感じです。meetには「初めて出会う」という意味がある他、「約束して会う／偶然出会う」などの意味もあります。

Lesson 3　発音　　　　　　　　　　　　　　　　1分で

有名なフレーズなので発音にも馴染みがありますよね！ meet youは「ミーチュー」と言ったり「ミー ユゥ (meetのtはごく軽く発音)」と言ったりします。It'sは省略しない場合もごく軽く言います。

(It's) nice to see you again.

また会えて嬉しいです。

Lesson 1 構 文 1分で

直訳するとp.260とだいぶ近い意味ですが、こちらはすでに会ったことのある人への挨拶フレーズです。ビジネスシーンなどでは**It's**を省略せずに使います。**again**（また/再び）という単語がなくても**see**という単語を使えば**再会の挨拶**になります。

Lesson 2 イメージ 1分で

既に会ったことがある人との再会シーンをイメージして練習しましょう。2回目以降の再会なら、いつも使ってOK！この挨拶に返答する時には、「It's nice to see you, too.（私もまた会えてうれしいです。）」や、それを省略したYou too.が使えます。

Lesson 3 発 音 1分で

意外に難しいのが**see**の発音。**she**（彼女）という単語の発音と混同しがちです。**see**は「スィー」のような透明感のある音を意識しましょう。**she**は「シーッ！静かに」と言う時の「シーッ！」に近い音です。

How's it going?

元気ですか?（カジュアルな表現）

Lesson 1　構文　　　　　　　　　　　　　　1分で

直訳すると「それはどのように進んでいますか?」となります。そこから、「調子はどう?」という意味や「元気?」のような、**身近な相手に対するカジュアルな挨拶**として使われます。

Lesson 2　イメージ　　　　　　　　　　　　　1分で

友人と会った時に声をかけるイメージで練習しましょう。返答する際は、p.44の「I'm good.（元気ですよ。）」や、さらに「I'm great.（調子いいよ。）」などが使えます。返答した後、さらに相手に聞き返す時には、How about you?（p.219）の表現が使えますよ。

Lesson 3　発音　　　　　　　　　　　　　　1分で

itのtとgoingのgを軽く発音し、「ハウズイッ ゴーイン」のようなニュアンスになります。さらに省略されてHow's going?「ハウズ ゴーイン」のように言われることもあります。語尾は下げ調子にしましょう。

How are you doing?

お元気ですか?（ややフォーマルな表現）

Lesson 1 **構文** 1分で

直訳すると「あなたはどのように行なっていますか?」となりますが、実際は「調子はどうですか?」という意味の挨拶表現として使われます。How are you?よりも少しカジュアルでHow's it going?よりもフォーマルですが、職場や友人に幅広く使えます。

Lesson 2 **イメージ** 1分で

職場の同僚へ声をかけるイメージで練習してみましょう。返答する時は、How's it going?（p.262）に対する返答フレーズと同じものが使えます。時にHow you doing?と省略されて使われますから、聞き取れるようにしておきたいですね!

Lesson 3 **発音** 1分で

「ハウァーユードゥーイン」のような発音で、Howとdoingのdoの部分を強調するように言うと、英語らしいリズムになります。語尾は下げ調子にしましょう。

How have you been?

お元気でしたか?

Lesson 1　構文

1分で

本書で初めて「現在完了形」の時制が出てきました。簡単に説明すると「過去から現在に至る、幅のある感覚を持った時制」です。つまり英文では「過去から今まであなたはどうでしたか?」と尋ねており、「久しぶり! 元気でしたか?」という挨拶になります。

Lesson 2　イメージ

1分で

久しぶりに会った友人に対する声がけのイメージで練習を。返答する時、文法的には I've been good.(ずっと元気でしたよ。)などと現在完了形を使う必要がありますが、(I'm) good /great.の言い方や、I'm doing well.(うまくやっています。)という答え方でも十分大丈夫です。

Lesson 3　発音

1分で

全て読み上げると「ハウ ハヴユゥベーン」ですが、多くの場合「ハウヴユゥベーン」とhaveの「ha」が発音されなくなります。beenは「ビーン」と言いたくなりますが、実際は「ベン」のように言われます。語尾は下げ調子にしましょう。

Sorry, I have to go now.

すみませんが、もう行かないといけません。

Lesson 1　構文　　　　　　　　　　　　　　1分で

「(客観的に) 〜しなければならない」という「have to+動詞の原形」
(p.68) を使った表現です。「今、行かなくてはならない」という自分
の状況を伝えつつ、文頭にSorry (ごめん) をつけ、角が立たないよ
うにしています。

Lesson 2　イメージ　　　　　　　　　　　　1分で

「行かなくちゃ!」というシーンで、その場を立ち去るきっかけを作るイ
メージで練習しましょう。その他、電話を切りたい時や、そろそろ会話
を終わらせたい時に使えます。I'm sorry, but〜とすれば「申し訳な
いんですが〜」と、相手への配慮がより伝わります。

Lesson 3　発音　　　　　　　　　　　　　　1分で

have toは「ハヴトゥ」ではなく、「ハフトゥ」または「ハフタ」のよう
な音になり「アイハフタゴー」となります。日常会話では、I've got to
go.「アィヴガダゴー」と言われることも多く、自分では使わなくても理
解できると便利です。

It's time to go now.

もう行く時間です。

Lesson 1　構文

1分で

「It's time to+動詞の原形」で「～をする時間だ」という意味になります。英文の前半で「時間だ」と言った後、その後ろに「to+動詞の原形」をつなげ、「何をする時間なのか」を説明しています。文頭のitは、天気／曜日／時間の時に登場する**主語**ですね。

Lesson 2　イメージ

1分で

「行かなくちゃ／失礼する時間だ」というイメージで練習してみましょう。I have to go.(p.265)と同じように使えますが、It's time to go now.には「誰にとって行く時間なのか?」が含まれていません。ですから、個人的な発言ではなく、**周りへの呼びかけ**としても使えます。

Lesson 3　発音

1分で

timeとgoを強調すると、より伝わるリズムに近づきます。timeは「タイム」ではなく「タァイム」のように、**アクセントのある位置を少し長めに発音**すると英語らしくなります。

It was nice meeting / seeing you.

会えて嬉しかったです。（別れ際に）

Lesson 1　構文　　　　　　　　　　　　　1分で

It's nice to meet you.（p.260）と似ていますが、こちらは「あなたに会えてよかったです。」という別れ際の挨拶フレーズです。別れ際よりも過去にあたる「会った時間」に対して、「よかった」と伝えているので、It wasと過去形になっているんですね。

Lesson 2　イメージ　　　　　　　　　　　　1分で

初対面の人との別れ際をイメージして練習し、**二度目以降の人に対してはmeeting→ seeingと置き換えましょう**。出会いの挨拶ではto meet/to seeだったのが、ここではmeeting/seeingになっています。このように、-ingの形は過去のことを表す場合があります。

Lesson 3　発音　　　　　　　　　　　　　1分で

Itのtとmeeting/seeingのgを軽めに発音すると、英語っぽい発音に近づきます。また、**nice meeting/seeing**を強調すると、よりスムーズに相手へ伝わります。

See you soon.

また会いましょう。

Lesson 1　構文

1分で

元々の形は**I will see you soon.**で文頭の**I will**が省略された表現です。**See you.**だけでも使います。**Good-bye**よりも「また会おう!」という気持ちを含む表現で、実際会う予定があってもなくても「すぐに会うだろう」というイメージで使われます。

Lesson 2　イメージ

1分で

友人との別れの挨拶をイメージして練習しましょう。より丁寧に言う時には、I'm looking forward to seeing you soon.(p.98)とします。I'm lookingの部分をI lookにすると、ビジネスでの別れ際にも使用できます。

Lesson 3　発音

1分で

Seeの音は「スィー」のような透明感のある音を意識し、「スィーユースーン」とサラッと言えるようにしましょう。またyouを「ヤ」ように発音する場合も多く、「スィーヤスーン」のように聞こえてくることもあります。

Have a good day.

良い一日を。

Lesson 1　構文

1分で

命令形ですが、好意的な別れ際の挨拶フレーズです。この他にも「Have a good weekend.（良い週末を。）」、「Have a good trip.（良い旅を。）」、など、**have**を使った声がけはたくさんあります。goodを**nice**と入れ替えても同じ意味になります。

Lesson 2　イメージ

1分で

別れの挨拶をイメージして練習を。**友人へもビジネスでも使えます。**夕方ぐらいまではこの表現を使い、**夕方以降の時間になると**Have a good evening/night.を使うようになります。返答する時はThank you.や「You too.（あなたもね。）」と答えればOK！

Lesson 3　発音

1分で

特に**good**を強調すると英語らしい抑揚に近づきます。**Have a**は「ハヴァ」と繋がる感じにし、**good day**は「グッディ」のように発音すると、より英語っぽくなります。

I see.

わかった／なるほど。

Lesson 1　構 文　　　　　　　　　　　　　　　　1分で

直訳の「私は見えます」という意味から、「それまで知らなかったことがわかった／理解した」というニュアンスを伝えるあいづちです。「Oh, I see.（あー、なるほどね。）」と**Oh,**をつけることも多いです。

Lesson 2　イメージ　　　　　　　　　　　　　　　　1分で

相手の話を聞いた時に「なるほど」の気持ちを伝えるイメージで練習しましょう。I seeが**多すぎると**、「なるほど」だらけのあいづちになってしまいます。相手には賛成や同意の**気持ちが伝わらないこともある**ので、要注意！

Lesson 3　発 音　　　　　　　　　　　　　　　　1分で

I seeは**「アイスィー」**という感じになりますが、しっかりと発音すると「なるほどね！」と驚きを含む印象になります。一方軽めに発音すると、軽めの「ふむふむ」「了解」というニュアンスが伝わります。

Sure. /Of course.

もちろん。

Lesson 1　構文

1分で

両方とも「もちろん」と訳されますが、ニュアンスが違います。sureに比べて**of course**には「**当然**」という意味が含まれます。気持ちよく相手に「もちろん」と言ったつもりが、「**当たり前じゃない!**」という強いニュアンスで伝わることがあるので気をつけましょう。

Lesson 2　イメージ

1分で

「Can I use the bathroom?（お手洗い使っていい?）」のようなお願い表現に対しては、Sure. /Of course.どちらでも答えられます。一方、「Would you like another one?（もう一杯いかがですか?）」などと聞かれた時は、「Sure.（はい、お願いします。）と答えた方が角が立ちません。

Lesson 3　発音

1分で

Sureは「シュァ」や「ショァ」のように発音されます。**Of course**も馴染みがあるでしょうが「**オフコース**」と発音しofの**f**は濁りません。**course**の部分が強くなると英語らしくなります。

I agree (with you).

あなたに賛成します。

Lesson 1 構文

1分で

相手の意見や提案に同意する時、同じ考えの時に使う表現。しぶしぶではなく、**好意的に快く賛同するニュアンス**が伝わります。I agree.とだけでも使えます。友人などをはじめ、ビジネスシーンでも使えます。

Lesson 2 イメージ

1分で

相手が意見を述べた時、快く同意を示すイメージで練習しましょう。さらに「大賛成！」と言いたい時には、I **totally** agree with you.（totally=まったく）などと表現できます。**That sounds great.**（p.157）なども同じニュアンスを伝えるものです。

Lesson 3 発音

1分で

agreeは「アグリー」の「グリー」にしっかりアクセントを置きます。ugly（醜い）という単語が「**ア**グリー」（「ア」にアクセント）という発音なので、間違って伝わらないように！

I understand.

わかりました。

Lesson 1 構 文 1分で

直訳は「私はわかります／理解します」となり、さらに「了解しました」という意味にもなります。相手の話を理解したことを示したり、相手の指示を受け入れたりする時の返答フレーズです。**友人に対しても、また職場の上司に対しても使える**表現です。

Lesson 2 イメージ 1分で

上司から何かを依頼された時に返事をするイメージで練習を。I see も「わかりました」という意味で使えますが**カジュアルな印象**になり、**OK!** や「**I got it! (わかった!)**」はさらにカジュアルな表現です。

Lesson 3 発 音 1分で

understandは staの部分にアクセントを置き「アンダスタァーンド」のように、「スタァー」と少し長めに発音されます。語尾のdは軽めに発音します。

That's right.

その通りです。

Lesson 1　構文　　　　　　　　　　　　　1分で

直訳すると「それは正しい」ですが、相手の話や意見に対して「その通り!」と反応する表現です。thatは、それまでに会話に出てきた内容全体のことを指しています(p.154)。You're right.も同じ意味です。Right!一言だけにするとカジュアルなあいづちになります。

Lesson 2　イメージ　　　　　　　　　　　　1分で

例えば、「I think I can do it.(私できると思う。(p.104))」と言った相手に対して、「そうだよ!」と反応するイメージで練習を。Yesだけで答えるよりも、相手にしっかり反応が伝わります。I agreeも同意を示しますが、That's right.の方が幅広いシチュエーションで使われます。

Lesson 3　発音　　　　　　　　　　　　　1分で

Rightは「ラァイッ」のように最後のtを軽くしましょう(tは聞こえないこともあります)。rightとlight(軽い/光)はrとl の区別が難しいですが、rightのrはやや唸るように発音し、lightのlはより軽やかで音程高めに発音すると伝わりやすいです。

That's too bad.

お気の毒に／ひどいね。（ややカジュアルな表現）

Lesson 1　構文

1分で

直訳すると「それは悪すぎる」ですが、相手のややネガティブな話に対して「お気の毒に／残念ですね」と共感する表現です。**too**の部分は**so/very**などと入れ替えることはできません。決まりフレーズとして覚えてしまおう。

Lesson 2　イメージ

1分で

相手のマイナスな話を聞いた時に声をかけるイメージで練習しましょう。**Really?**（p.288）と言った後にThat's too bad.と言えば、より共感している様子が伝わります。**深刻すぎる場面への共感に使うのはNG**ですから気をつけましょう。

Lesson 3　発音

1分で

この場合は、too badを強くしすぎず、**That's**をしっかり発音します。**too bad**が目立って伝わると「いい気味」のような相手をバカにするニュアンスになってしまいます。That'sは省略せずに使うようにしましょう。

275

I'm so sorry to hear that.

それはお気の毒に思います。(やや丁寧に)

Lesson 1　構文　　　　　　　　　　　　　　　　1分で

直訳すると「私はそれを聞いて気の毒に思っています」となり、「それはお気の毒に…」という**相手への共感を示すフレーズ**です。大きなトラブルや病気、訃報（ふほう）などの**深刻な出来事を聞いた時**、同情したり相手を気遣ったりする気持ちが伝わります。

Lesson 2　イメージ　　　　　　　　　　　　　　　1分で

例えば「家族が病気で入院した」と言った相手に、心を込めて声をかけるイメージで練習しましょう。**一見大したことのない出来事**でも精神的に相手が落ち込んでいる時にThat's too bad.と言うと嫌味になります。I'm so sorry to hear that.を使うようにしましょう。

Lesson 3　発音　　　　　　　　　　　　　　　　1分で

相手を気遣うように**ゆっくり目**に、特に**so sorryを丁寧**に言うようにします。thatはthの発音が「舌を歯に摩擦させる」難しい音ですが、実際には「ダァッ」や「ナァッ」（語尾のtは軽く発音）のように発音されることも多く、そんな雰囲気が出せればOK!

Me too.

私もです。

Lesson 1　構文　　　　　　　　　　　　　　　1分で

相手の話に対して「私も」と、反応や同調する時に使います。ポイントは、「I want to eat more.（私はもっと食べたいです。）」などの肯定文（notがついていない文）に対する返事のみに使えるということ。否定文に対する返事は、p.278のMe neither.で答えましょう。

Lesson 2　イメージ　　　　　　　　　　　　　　1分で

「I want to eat more.（もっと食べたい。）」とつぶやく友人に対して「私も」と同調するイメージで練習しましょう。ちなみに、It's nice to see you.（p.261）への返事はMe too.ではなくIt's nice to see you, too.を短縮したYou too.でしたね。混乱しやすいので気をつけましょう。

Lesson 3　発音　　　　　　　　　　　　　　　1分で

「ミートゥ」はおそらく馴染みのある発音ですね。Meとtooは区切らずにひと息で発音します。相手の口調に合わせるように反応できるといいですね。

Me neither.

（否定の話に対して）私もです。

Lesson 1 構文

1分で

相手の話に対して「私も」と同調する時に使いますが、ポイントは「I don't want to do that.（それやりたくない。）」などの**否定文に対する返事のみに使える**ということです。つい、**否定文への反応はMe too.にならないように**練習してみましょう。

Lesson 2 イメージ

1分で

「それやりたくない」という発言に同調するイメージで練習しましょう。Me too/Me neither.の代わりに、ビジネスではSo do I/Neither do I.が使われますが、話に応じてSo am I/So was I.などと時制を変える必要があって面倒。まずMe too/Me neitherを使えるように！

Lesson 3 発音

1分で

neither「ニーザー」というニュアンスの発音です。「ナイザー」と発音されることもあります。どちらも同じ意味であると知っておくといいですね！

I got it.

了解です／わかった。

Lesson 1 　構 文 　　　　　　　　　　　　　　1分で

直訳「私はそれを得た」→「わかった」という意味になります。相手の話を理解したと伝える決まりフレーズです。同僚や友人とのやり取りで使われ、I を省略した**Got it.**にするとさらに**カジュアル**になります。**OK!** も同様の意味です。

Lesson 2 　イメージ 　　　　　　　　　　　　　1分で

例えば「I want to talk with you tomorrow.（明日あなたと話がしたいんだ。）」と同僚に言われた時、「わかった」と答えるイメージで練習しましょう。職場の**上司**とのやり取りでは、より丁寧な**I understand.**（p.273）を使うようにします。

Lesson 3 　発 音 　　　　　　　　　　　　　　1分で

gotはgoの音を強くするイメージで発音しましょう。gotのtの音が変化して、I got it.は「アイガーディ」や「アイガーリッ」（itのtは軽く）と発音されることが多いです。

That's true.

その通りです。

Lesson 1　構文 `1分で`

直訳「それは真実です」→「**その通りです／本当です／確かに**」という意味になります。相手の話に「**一理あるな**」と納得するような同意の気持ちが伝わります。**True.** だけでも使いますが、**カジュアルな**あいづちになります。

Lesson 2　イメージ `1分で`

例えば、肌寒い日に「You should take your jacket.（ジャケットを持っていった方がいいんじゃない？）」と声をかけられ、「確かに」と答えるイメージで練習を。また、「That's true, but I have to go.（その通りです。でも私は行かねばなりません。）」のように、一度同意した後に自分の主張を加えることもできます。

Lesson 3　発音 `1分で`

trueは「トゥルー」のような発音ですが、tとrの音をなるべく一緒に言うようにすると、より英語っぽくなります。難しいですがやってみましょう！

I don't think so.

そうは思いません。

Lesson 1　構文

1分で

遠回しな否定の表現として使われます。相手の意見に対して「私は
そう思いません」と使うだけでなく、「今日傘いるかな?」というライト
な問いに対する「**そんなことないんじゃない**」という意味などで使え
ます。

Lesson 2　イメージ

1分で

例えば「It's getting cold.(冷えてきたなぁ。)」と言う友人に「そう思
わないなぁ」と思っているイメージで練習しましょう。相手が、もしネガ
ティブなことを言った場合は「そんなことないよ!」と、**むしろ相手を肯
定したり励ますフレーズにもなります。**

Lesson 3　発音

1分で

don'tは「ドォンッ」や「ドンッ」(tは軽く発音)のようなニュアンスに
なります。**全体を「アイドンッシンクソー」とひと息で言いましょう。**
thinkはthの発音が「舌を歯に摩擦させる」難しい音ですが、まず
は音源を聞いて雰囲気を真似してください!

I guess so.

そうかもしれません。

Lesson 1　構文

1分でguessは「推測する」という動詞です。直訳すると「私はそう推測します」です。そこから「そうかもしれません」という意味になり、相手の話や意見を「低い確信度合い」で肯定するフレーズです。つまり、曖昧で不明瞭なニュアンスのある表現です。

Lesson 2　イメージ

1分で例えば「Is it going to rain today?（今日雨が降る予定だっけ?）」と聞かれた時、曖昧な感じで相手に答えるイメージで練習しましょう。さらに確信がないことに対しては「I'm not sure.（確信がありません。）」や「Sorry, but I don't know.（すみませんが、わかりません。）」の表現も使えます。

Lesson 3　発音

1分でguessとsoが繋がり、「ゲッスォー」のようになります。guessのssの音は息をたっぷり漏らして言いつつ、soに繋げると英語っぽくなりますよ。

Could you say that again?

もう一度言っていただけますか?

Lesson 1　構文　　　1分で

Could you ～ ?は「～していただけませんか?」という丁寧な依頼の意味でしたね(p.126)。直訳すると「それをもう一度言っていただけますか?」となります。**相手の発言が聞き取れなかった時などに使う決まりフレーズです。**同じ意味のCan you ～ ?は、よりカジュアルな表現です。

Lesson 2　イメージ　　　1分で

相手に言い直しをお願いするイメージで練習しましょう。さらに**会話のスピードを落としてほしい時**には、「Could you say that again more slowly ? (もう一度ゆっくり言っていただけますか?)」と言うこともできます。

Lesson 3　発音　　　1分で

Could youは「クッデュー」または「クッヂュー」でしたね。that againの部分は「ザッアゲイン」のように、thatのtが消えるor軽く言う感じになります。あるいは「ザッラゲイン」のようにthatとagainがつながる際に「ラ」のような音に変化します。

Good luck.

頑張って。

Lesson 1　構文 1分で

直訳は「幸運」という意味ですが、「うまくいくといいね」「健闘を祈ります」という意味で使われます。相手を応援する声がけとして使えるのがgood luckです。特に、何か出来事を控えている時、チャレンジする時などの応援に使えます。

Lesson 2　イメージ 1分で

「I have an important meeting with my client.（取引先との大事なミーティングがあります。）」と言う同僚に声をかけるイメージで練習してみましょう。自分がGood luck! と声をかけられたらまずはThank you/Thanks! と答えましょう。

Lesson 3　発音 1分で

日本語でも「グッドラック」という言葉を目にしますが、実際は「グッラック」のようにdの音は軽く発音されるか消える感じです。luckのckも軽く発音します。

Awesome.

すごいね。

Lesson 1　構 文
1分で

元々は「畏敬の念に満ちた、荘厳な」という形容詞ですが、「素晴らしい／すごい／やばい」という口語のあいづちとして使われています。身近な人との間で使う**カジュアル**な表現です。That's awesome. と言うこともできます。

Lesson 2　イメージ
1分で

例えば、予想以上に感動した映画の後に、「いやぁ、すごいね!」などと言いたい時をイメージしましょう。Wow!／Oh! などとも一緒に使います。相手がこの表現を口にした時は、**好意的以上に相手がすごいと思っている**と受け止めて喜んでください。

Lesson 3　発 音
1分で

「オーサム」とaweの部分をしっかり伸ばして発音します。**アクセントもaweの部分に来ます。**意味に合う、しっかり勢いある言い方をしましょう。

Exactly.

確かに。

Lesson 1　構文
1分で

「正確に／ぴったり」という意味を持つ副詞ですが、あいづちとして「確かに／その通り」という意味で使います。強い同感の気持ちを伝えることができます。**That's right.／That's true.**なども同様の意味合いです。身近な人とのやり取りをはじめ、職場でも使えます。

Lesson 2　イメージ
1分で

「You should talk with him about the matter.（その件、彼と話した方がいいと思うよ。）」と、同僚から「まさに！」のアドバイスをもらったイメージで練習を。さらに、「もう全く100％その通り」という強い返答は**Absolutely.**になります。

Lesson 3　発音
1分で

語頭のEは「エ」ではなく「イ」に近い発音となり、「**イグザクトリィ**」という感じになります。「**ザ**」の部分にしっかりアクセントを乗せ、その後の「**クトリィ**」は軽い発音にしよう。

Cool.

いいね。

Lesson 1　構文

1分で

「涼しい」という意味を持つ形容詞ですが、相手の話に同意・承諾するカジュアルなあいづちで、「**いいね!**」という意味で使われます。That's cool! と言うこともできます。その他「**カッコいい**」という意味があるなど、cool は様々な意味を持って使われます。

Lesson 2　イメージ

1分で

例えば、「How about next Monday?（次の月曜日はどう?）」などと聞かれた時に、OK! と承諾する気持ちを込めて練習しましょう。日本語でもクールは「カッコいい」「冷たい」という意味で馴染みがありますが、英語では「いいね!」という意味でも多用されます。

Lesson 3　発音

1分で

日本語では「クール」という発音でおなじみですが、英語では「**クーゥ**」あるいは「**クーォ**」という感じになります。

Really?

本当? (語尾を上げて発音)

Lesson 1　構文　　　　　　　　　　　　　　1分で

「It's really nice.（それは本当に素敵。）」のように程度を表す副詞として使われますが、**あいづちとしてreally単体でも**使われます。語尾を上げて言うと「**本当に?**」「**そうなの?**」と驚きを表します。

Lesson 2　イメージ　　　　　　　　　　　　　1分で

例えば「I'm going to get married.（結婚することになったよ。）」と友人に言われた時、驚く気持ちをイメージして練習を。ちなみに、驚くのが当然の内容に対して語尾を**下げる**really.（p.289）で返答すると**意味深な印象**になってしまいます。

Lesson 3　発音　　　　　　　　　　　　　　1分で

「リァリィ」や「リーリィ」に近い音になります。rとlの使い分けが難しいですが、喋り出しのrは唸る感じで、そこから**lly ?**という部分に向けて上げ調子にしていくと、それっぽくなるはずです。

Really.

そうなんだ（ふーん）。（語尾を下げて発音）

Lesson 1　構文

1分で

語尾を下げて使う場合、「あ、そうなんだ…」と相手の発言を受け止めるようなニュアンスになります。日本語でも「本当（↑：語尾を上げる）」と「本当（↓：語尾を下げる）」で意味合いが変わるのと同じ感じです。

Lesson 2　イメージ

1分で

例えば、Oh, it's so crowded.（わぁ、混んでるね。）という友人に対して、「そうなんだ」と相手の発言を受け止め肯定するイメージで練習しましょう。ちなみに、イントネーションがつかない平板な言い方になると、そもそも関心がない様子が伝わってしまいます。

Lesson 3　発 音

1分で

「リーァリィ」や「リーリィ」に近い音を出します。語尾を下げることで、Really?（↑：語尾を上げる）とは違うニュアンスが伝わります。

おわりに

　英語学習者の皆さま、特に何度も挫折してきた皆さまに、いち早く「あ、自分でも英語をしゃべれる！」という成長を体験していただきたい…。そんな想いからこの本を書きました。

　私はこれまで、数多くの方の英語学習の相談に乗ったりサポートをしたりしてきましたが、その中で本書を作るきっかけとなってくれた印象的なお二人をご紹介します。

　おひとりは、学習相談に乗らせていただいたＡさん。

　ビジネスパーソンのＡさんは、友人から勧められたという書籍を使い、例文を片っ端から暗記していました。しかも、シリーズ本にもどんどん取り組み、計2000例文以上を制覇。私からすれば「尊敬！」の一言です。ただ、Ａさんはこうおっしゃいました。「2000例文暗記しても、英語がしゃべれない…」と。

　この一言を聞いた時、とても苦しい気持ちになりました。もしかするとＡさんは、自分に厳しく理想が高いからこそ、自分にダメ出しする発言をしたのかもしれません。ただ、頑張れば頑張るほど、暗記すればするほど、「習得しきれていない例文＝自動化（p.18）に至らない例文」が増える。しかも、勉強の量と反比例をして、ますます「伸びない、しゃべれない」という感覚が強くなってしまったかもしれないのです。

　印象的なお二人のもうお一方は、英会話コーチングのクライアント

Tさん。

　経営者のTさんは、スポーツ一筋で学生時代を過ごしたことから英語学習経験が乏しく、単語だけのカタコト英会話と勢いだけで、海外旅行を乗り切っている方でした。

　Tさんに初めて英会話指導をさせていただいた日のことです。英語で自己紹介をしてもらおうとすると、Tさんが言えたのは「I'm T.」のみ。しかもlive（住んでいる）という単語すら、発音がわかりませんでした。

　そんな状態からスタートした1時間のレッスンで、私とTさんは「I」と「it」と、その他Tさんに馴染みのある単語だけをかき集めて、自己紹介文の練習をしました（live は使わないことにして、「〜出身です」の「I'm from 〜 .」を使うようにするなどで）。

　するとレッスンが終わる頃に、Tさんは1分間の英語の自己紹介を、原稿も何も見ずにスラスラと言えるようになっていたのです。

　2000例文覚えても、「しゃべれない・・・」と思ってしまうAさん。

　一方で、liveが使えなくても1時間で「しゃべれる！」という実感を得たTさん。

　もちろんこのお二人は、英語力も違えば、性格や置かれている状況なども違いますから一概に比べることはできません。とはいえ、その点を差し引いたとしても、お二人とのかかわりからは本当に多くを学ぶことになりました。

　私は、英語教師ではなく、英語学習コーチです。英語を教えるのが仕事ではなく、学習する方々を目標に導くのが仕事です。

その仕事を通じて度々思うのは、学習者自身が目標を達成するまでアクションを起こし続けるには、ガソリンのような役割を果たすものが必要になるということ。

　そのガソリンと呼べるものにはいくつかありますが、私が「欠かせない」と思っているものの一つが「成長したという実感」です。「伸びた！」「やれた！」という成長の実感が得られると、「やれば英語がしゃべれるようになるんだ！」という想いが芽生えます。それが自信やヤル気になって、次の行動が生まれ続けるんです。

　特に初級者・中級者や、これまで英会話の勉強で挫折を繰り返した方こそ、この「成長の実感」が必要となります。

　そして本書は、学習者の皆さまにいち早く「やれた！」「伸びた！」を感じてもらえる学習方法をお届けしたいという想いから作成に至りました。

　もし今、先ほどご紹介したAさんがこの本を手に取ってくれたら、「えーっ、こんな簡単な英文、もう知っているし…」と思うかもしれません。ただ、2000例文も暗記したAさんが、それを果たすくらいの意欲で本書を使って勉強してくださったとしたら、たった1か月で、いや、もっとあっという間に、過去最高の成長の実感を得てくださると、自信を持って言えます。

「どうすれば、成長の実感を感じられるようにできるのか？」
「そのためには、何を捨て、何を残すのがいいのか？」
そんなことを考えながら、本書に載せる例文を選定していきました。

　he やsheから始まる英文を全く載せないという、前代未聞の英会

話の本。正直、作成途中は「こんなに切り捨てちゃっていいのだろうか…?」とドキドキとの闘いでした。

そんな時、AさんやTさんの顔がちらつき、またコンセプトに賛同してくださる方々の存在があって、無事に出版を迎えることができました。

もう一度言います。英語学習を続けるためには、成長の実感が必要です。

成長の実感を得るために、簡単なものでも「覚えた!」という体験を自分にさせてあげてください。

簡単なものでも「使えた!」という大きな成功体験を、自分にさせてあげてください。

その体験を繰り返していくことこそ、「もっとできる」という次へのガソリンになってくれます。

ところでタイトルにもあるように、本書では私自身の筋トレ経験を基に、英会話学習と筋トレに共通する「トレーニングの本質」を盛り込んだ本にしました。

一見、簡単そうな動きでも、よく知っている動きでも、本当に「効かす」トレーニングにするのは結構大変です。

また、やみくもにトレーニングしていても、あまり効果が出ません。一方で、種目を絞り、フォームをしっかり鏡で確認しながらトレーニングすると、徐々に鏡に映る自分がカッコ良くなっていきます(笑)。そしてもちろん、筋肉もいい感じについてくることがはっきりとわかるのです。

筋トレに関してはまだまだ駆け出しの立場ですが、筋トレを通じて身をもって成長の実感が得られ、それが筋トレを続けるガソリンになっ

てくれたこと。結果として、美ボディコンテストの日本大会（全国大会）に出場できたこと。しかも、本業である英語学習指導に活きる「トレーニングの本質」に改めて深く気づけたこと。筋トレにはこの上ない感謝でいっぱいです（笑）。

最後に、この場をお借りしてお礼をお伝えします。

ステキなタッチで時に謎かけのようなイラストを書いてくださった千野エーさん、本書の出版までご指導くださった株式会社ブックオリティの高橋朋宏学長、平城好誠さん、菊地大樹さん。ナレーターのHoward Colefieldさんと英語教育協議会（ELEC）田中佑哉さん。例文・解説の作成や校正にご協力くださったDylan Crottsさん、青木悠さん、鴻池亜美さん、曽根奈津美さん、廣原麻衣子さん。いつも快くサポートくださる仕事仲間の宮田瑠美子さんとMichael Walkerさん。帯の写真撮影をしてくれた夫の坂本勝俊。そして、かんき出版の杉浦博道さんとの本作りはスリリングでとても充実したものでした。

関わってくださった皆さまに御礼申し上げます。

2021年4月　英語学習コーチ／メンタルコーチ　船橋由紀子

【著者紹介】

船橋　由紀子 （ふなばし・ゆきこ）

◎──神奈川県出身、立教大学卒。

◎──元タカラジェンヌの母の影響も受けて、大卒後は文学座附属演劇研究所の研究生に。役者を経てMC・ナレーターの道へと進み10年ほど活動。リーマンショック後に仕事で逆境を味わう。そこで英語学習に没頭し、2か月の勉強でTOEICは900点を超える。

◎──故・杉村太郎氏率いるコーチング型英語スクールに転職し、英語講師の道を歩む。11年間で4500名の英語指導に従事。同スクール主催の英語スピーチコンテストでは、4年連続で担当受講生を優勝に導く。

◎──2017年に独立。アドラー心理学やNLPも駆使した英語指導で、2か月でTOEIC200点アップの受講生を次々と輩出させている。プライベートでは筋トレの趣味が高じて、美ボディコンテスト「ベストボディジャパン」では日本大会（全国大会）に出場を決めた。

英会話は筋トレ。中2レベルの100例文だけ！
1か月で英語がスラスラしゃべれる。

2021年4月5日	第1刷発行
2024年9月2日	第14刷発行

著　者──船橋　由紀子

発行者──齊藤　龍男

発行所──株式会社かんき出版

東京都千代田区麹町4-1-4 西脇ビル　〒102-0083

電話　営業部：03(3262)8011代　編集部：03(3262)8012代
FAX　03(3234)4421　　　　　振替　00100-2-62304
https://kanki-pub.co.jp/

印刷所──シナノ書籍印刷株式会社